宋代烟火

市民生活笔记

（彩色插图本）

伊永文 著

中国工人出版社

自 叙

拙作呈编,似有零乱之貌,其实不然,容杂一炉,以获"通感",这是我为之努力的方向。再者,以多种文体各式问题交织,可以使阅读丰富起来,以达互相启发借鉴之目的。

当然,研究问题须有"主要方向",我的"主要方向"是"市民城市生活与文学",所以在这方面特别用心。收入本书的"中国市民生活方式始于宋代""宋代江南的日常生活""开封,中国市民的'摇篮'",就是这种学术路数的体现。

由于研究领域的宽泛,我常常跨越不同学科的门槛作倘佯游,捡拾碎片,拼凑图像,窥民间赛会,市人风习;寻中外融汇,经济形态……以锻炼各种门类知识思维的贯通。此为本书第二部分的文字样式。

我的第一篇学术论文是"《水浒传》是反映市民阶层利益的作品",即学术界常提的"水浒市民说"。论文是多次向古代文学批评史家王达津教授请教形成的(请教明清史家郑天挺教授等,此处不赘)。

我在充分吸收诸家意见的基础上,独立撰写成文并发表在《天津师范学院》(1975年第5期)学报上。为保其真,重刊不易一字,并将此文的后续之作一并发表,以录备考。

自 20 世纪 70 年代末,我的研究兴趣由市民文学扩展到笺注《东京梦华录》方面,同时酝酿"梦华体"与孟元老问题,现将两项研究成果呈现于本书,以抛砖引玉,以使今后的这两项研究继续。

"从《燕青博鱼》看市民的戏剧欣赏习惯"是以塞中国古代戏剧协会提我为理事其邀而作。"论吕布"则是想尝试作古小说人物论丛,以吕布为开头。二论文虽乏善可陈,是为扩大自己研究领域而作的一个计措。

这就如同我在香港大学国际饮食研讨会上发表的"宋小说笔记及饮食文学"讲演稿一样,即在明清饮食研究方面有所涉猎和收获,就将其不断探讨以为更加深入打下一个坚实的根基。

值得特别提及的是,南开三年我有幸结识并投拜于明清历史大师郑天挺、中国古典文学大师王达津、欧洲哲学史大师车铭洲三位教授门下。从郑天挺教授学到小说历史互证之法,从王达津教授学到考据的朴学基本功,从车铭洲教授学到个别与一般的识见……如此等等。

正因如此,拙作才增添了学术的广度和深度,师恩难忘!我分明感到三位大师仍与我和同学们一起生活并指引着我和同学们前行……

二〇二一年九月仲秋

目录

一编　市民

中国市民生活方式始于宋代　　3
宋代江南的日常生活　　12
开封，中国市民的"摇篮"　　21

二编　杂学

严嵩与名画　　41
"东西"续考　　51

三棒鼓、秦楼、市语	57
宋元商标与广告	64
伪钞的鉴戒	73
元代大都的杂技	78
打春	86
明清宫词与宫俗	91
快行家	106
宋代烟火	111
金代茶食	118
宋小说的快餐"外卖"	125
鲁迅理发与清人剃头传闻	131
侯宝林与"啰哩啰"	136
人妖琐谈	140
昆仑奴	146

《金瓶梅词话》阅读三十年　　　　　　　　　151
模特儿追星族　　　　　　　　　　　　　　155
乞丐的艺术　　　　　　　　　　　　　　　161
苏州、扬州的商人与戏剧　　　　　　　　　166
东北冰雪竹枝词撷拾　　　　　　　　　　　170
荷叶的启示　　　　　　　　　　　　　　　176
宋江何以成"伟哥"　　　　　　　　　　　182

三编　论说

《水浒传》是反映市民阶层利益的作品　　　191
再论《水浒传》是反映市民阶层利益的作品　200
从《燕青博鱼》看市民的戏剧欣赏习惯　　　220

论吕布 229

宋小说笔记及饮食文学 240

以《东京梦华录》为中心的"梦华体"文学 252

孟元老考 265

一编　市民

中国市民生活方式始于宋代

有人说,唐代是盛世,宋代已经走下坡路,我不赞同。宋代没有走下坡路,宋代走的是上坡路。

宋代市民的生活方式,可以从宋代的话本小说《闹樊楼多情周胜仙》略得知一二。

北宋徽宗年间,东京(今河南开封)最大的酒楼叫樊楼,位于金明池边。樊楼老板之弟范二郎去金明池游玩,走到茶坊时看到一个女子,"生得花容月貌"。女子进了茶坊,两人"四目相视,俱各有情"。这时,女子"眉头一纵,计上心来",对茶坊外卖糖水的说:"卖水的,倾一盏甜蜜蜜的糖水来。"女子上口一呷,就跟卖糖水的吵起来:"好好!你却来暗算我!你道我是兀谁?……我是曹门里周大郎的女儿,我的小名叫作胜仙小娘子,年一十八岁,不曾吃人暗算。你今却来算我!我是不曾嫁的女孩儿。"范二郎听这话,心想:"分明是说与我听。"卖糖水的喊冤,女子说:"如何不是暗算我?盏子里有条草。"这时,范二

明代佚名《十八学士图》 现藏台北故宫博物院

南宋《通玄避暑图》展示市民悠闲生活情趣

郎也叫了"一盏糖水",刚吃一口,也大叫起来:"好好!你这个人真个要暗算人!你道我是兀谁?我哥哥是樊楼开酒店的,唤作范大郎,我便唤作范二郎,年登一十九岁……不曾娶浑家。……我的盂儿里,也有一根草叶。"

茶楼和酒楼是宋代市民最重要的信息集散地

这个故事里的重要道具——糖水,还有汤、茶和酒,都是宋代人喜欢的饮料。东京城内茶楼和酒楼遍布,也是很多故事发生的地方。《水浒传》第七回里讲到,高衙内与陆谦定计,骗林冲去喝酒,定的地方便是樊楼。陆谦说:"兄长我们休去家,只就樊楼内吃几杯。"当时两人上到樊楼,占了个阁儿,唤得酒保吩咐,叫两瓶上色的好酒,稀奇果子按酒……

樊楼是当时东京最有名的酒楼,由东、西、南、北、中五座楼宇组成,每座楼皆高三层。当年有个富人为给自己树名声,就去了樊楼,把当天所有人的酒钱都包了下来。他的大方、豪爽也迅速间传遍了东京城。

当时的酒楼已经是一个公共空间、媒体平台,是传播新闻的渠道,各式各样的信息都在这里交流、散布。除了开封,在其他小城市、城镇,茶馆、酒店也遍地都是。

可以说,这是一种市民生活方式的发端。在宋代以前的唐代,就没有出现这种情况。唐代的长安城,卖东西只能在东市与西市,酒楼、茶楼不能盖在居民坊内。唐代两市的开放时间也是有限制的,正午开放,黄昏就要关市。但到了宋代,茶楼、酒楼可以开到深夜,早市也开得很早。

蒸馏酒——也就是白酒（亦称烧酒）最晚在宋代已经流行，"蒸酒"的字样多次出现在宋代文献里。我们可以推测，武松在景阳冈喝的"三碗不过冈"，就是烧酒，他喝完以后迎风一吹，酒力就发作了。烧酒这个名词最早出现在唐代，这是一种酒精度数很高、口感辛辣的酒。在偏僻的景阳冈，这样一大碗烧酒大概需要 10 文钱。在宋代的城市里，一份精致的菜，用讲究的器皿端上来，也就是 10 文钱。那时的菜，量大，食材质量好。

武松喝了 18 碗，180 文钱也够了。北宋后期，一个劳动力在城市一天的工钱，也就是 200 文钱。武松作为步兵都头，相当于现在的排长，工资不会太高，大概一个月五两多。武松在景阳冈一顿就吃了一天的工资，那是因为宋江送了他十两银子。十两银子就很多了。天津人有一句话，"借钱吃海货，不算不会过"，在武松的年代，人们对吃就已经十分讲究了。

宋代的快餐，只要你说得出菜名来，马上就给你做

宋代是中华美食奠基的时期。现在的大部分烹调用语，都出自宋代，比如炒、炸等。宋代在烹饪技术上的进步，归功于加热方法的革新——宋代城市大量使用燃煤。火旺了以后可以炸，可以爆炒。以前只能把菜煮熟，现在可以炒出味道、炸出颜色来。

在宋代，市民对食物的审美情趣扩大到视觉上，雕花蜜饯应运而生。各大城市都推出自己的杰作，当时出名的浦城冬瓜，就把三尺长的冬瓜，刻上假山、龟、鹤、寿星、仙女，放在寿架台上。

人们对食物的追求，也体现在宋代的文学作品里。食货苏东坡在黄冈时，曾作过一首《食猪肉》："黄州好猪肉，价贱等粪土。

富者不肯吃，贫者不解煮。慢着火，少着水，火候足时它自美。每日起来打一碗，饱得自家君莫管。"

我统计过，宋代的快餐品种，南宋加北宋，市面上流行的大概有500多种，光小孩儿吃的糖就有很多种，可见当时对"食"的重视。

宋代的餐馆相当繁荣。美国《生活》杂志1998年评选了过去1000年来影响人类生活最深远的100件大事，其中的第56件大事，就是出现在中国宋代的城市饭馆小吃，连带快餐服务。宋代城市的快餐不得了，你只要能说出来菜名，马上就给你做出来。

宋代还有外卖。这几年外卖很普及，其实宋代就已经有了。在小说《郑节使立功神臂弓》里有对外卖的描述：一个闲汉，一个筐子，一把刀，几块牛肉，送到顾客面前，当面切。这种现象在宋代非常普遍。在东京，凡是卖熟食者，都用诡异言语叫卖，这样食品售出才快。

燃煤的使用，还推动了炉灶的创新，炉灶可以移动，走到哪都可以卖，火始终是旺的。宋代东京冬天很冷，晚上冷到零下，照样卖茶。没有保温的方法，外卖是做不起来的。黑龙江省博物馆现藏有一幅南宋佚名画作，画面中，六位宋代商贩转成一圈，摆弄着炉灶、茶盏、烫瓶。有专家认为这是在卖浆，故定名《卖浆图》，我认为不妥，浆乃水也，宋代城市里煎点汤茶药成风，这图应称为《煎点汤茶药图》。

宋代的货币流通量，后世的元、明、清都比不上

对饮食的重视，贯穿整个宋代的城市生活，重要背景是：宋代

保持了很长的和平。秦统一六国以后，中国维系时间最长的朝代是两汉，达426年，但很乱。宋代其次，达320年，很和平。在这三百多年的和平时期，宋代生产力和科技水平都达到了中华文明的高峰。

北宋时期，中国人口第一次过亿，达到1.2亿。汉唐盛世，人口也才五六千万。人口剧增，是因为生产力提高，可以养活这么多人。宋代垦田的数量达750万顷，是唐代的两倍；亩产达700斤，也是唐代的两倍。

唐代每年往首都长安运送粮食，定的是300万石，而宋代的两浙和两淮，每年送往东京的粮食多达600万石，多了一倍。有学者统计，宋代一个农民生产的粮食大致为4000斤。而1984年，中国每个劳动力生产的粮食为4379斤。

《宋史·食货志》记载，1021年（宋真宗时期）全国总收入是1.5亿钱，约1500万到1800万两。按400美元值黄金1两来换算，当年的收入折合70亿美元。世界上没有一个国家有如此大数量的财富流通。宋神宗时期两年的铸币量，即超过唐代三百年的总量。宋代铜钱的流通量，后来没有一个朝代能打破其纪录。有专家认为，宋代的财力，占当时整个世界的50%。

我们今天的生活，有些还不如宋代

垂足高坐这种生活方式是从宋代开始的。和唐代人相比，至少宋代人坐的时候会舒服些。椅子、条凳、案桌这些生活用品都是从宋代开始才有的。唐代人坐在席子上，称为座席，现在的日本人就是这样，盘着腿跪坐。跪着坐不利于行动，坐久了也很难受。座椅的发明,对市民生活来说是划时代的。座椅、条凳,我们一直用到今天。

市民生活方式千年不变的,除了座椅,还有文字和出版。现在我们打字,用的是宋体字;有一种书籍装订方式叫蝴蝶装,像两只蝴蝶一样,对折起来再装订,这也是宋代人发明的——这是阅读书籍方式的革命性变化。

城市绿化在宋代也很受重视,"汴京八景"里就有"隋堤烟柳",开封绿化成林,种了杨树、柳树、榆树、槐树、梧桐树……我们看《清明上河图》,里边柳树、榆树都画得很生动。宋代人对环境的重视,体现在当时高官隐退后的去处——洛阳。北宋时期,"天下名园重洛阳",显宦名流在洛阳都会有一套园林别墅。

司马光被王安石逼退后,就去了洛阳,挂了闲职,专心编写《资治通鉴》15年。初到洛阳,宅子简陋,夏天太热,司马光还在家里挖了地下室避暑。之后,他在洛阳城东南买了一块地,建成"独乐园"。司马光形容它"质朴而严洁,去市不远,如在山林中"。这处园林,山水、建筑融为一体,在中国建筑史上有一定地位。后来的苏州园林,就是在洛阳园林的基础上发展起来的。

宋代上流社会生活安适,平民百姓也有保障。中国古代真正意义上的社会保障事业是从宋代开始的。宋代每个州府都有供穷人免费居住的保障房,称为"福田院"。"福田院"里提供免费食宿、医疗。到了南宋,"福田院"演变为"安济房"(免费医院)、"漏泽园"(殡仪馆)和"居养院"(保障安置房)。"安济房"三年当中收了上千人。"漏泽园"专门安葬无主的尸骨,有人死了,没有人收尸,国家负责安葬。至于妇女儿童,则雇了专门的人服侍,甚至有专门的乳母。

没有钱、没有精力、没有慈善心，是做不了这些善事的。宋代的社会保障机构，延续到元、明、清等朝代，对倡导善举、缓和社会矛盾发挥了积极的作用。人类的精神世界和物质生活是紧密相连的。宋代雄厚的物质基础，使大部分中国人在那个年代实现了安居乐业。

宋代江南的日常生活

古代的江南，泛指长江以南，但按照清朝的行政区划概念，应包括江苏省的江宁府、苏州府、常州府、太仓府、松江府，浙江省的杭州府、嘉兴府、湖州府。江南降雨量充沛，适合种植水稻，还可以轮作棉花，物产也很丰富，加上依托于运河的漕运系统，一直在源源不断地向中央政权输送粮食，也在养活周边地区的民众。

在北宋首都汴京（今开封），来自江南的运粮船只首尾相连，一直到数十公里之外，一次起风暴导致船只相撞，几千艘船因而损毁。于此可知，江南的物质生活在宋朝具有一举而动天下的巨大作用。江南所具有的这种稳固的经济地位，甚至不以朝代更替和外族入侵为转移。

提起江南市民生活，宋朝则是一个重要的分水岭。从数据上来看，城市化率仅在南宋时期就超过了20%，两宋首都汴京、临安（今杭州）都是人口超过百万的大城市，由墟集、草市转化而来的工商业中心"市镇"数量则达到 3600 多个，《水浒传》中写宋江清风寨夜看小鳌山，一座小镇，鳌山上扎五六百碗花灯，已经充分说明问题。也是在宋朝，国家的商业税首次超过了农业税。

拜"崇文抑武"的社会风气所赐，城市的功能也不再局限于军事堡垒和政治中心，开始给予文化和生活一席之地。美国斯坦福大学教授刘子健说："此后中国近八百年来的文化，是以南宋文化为模式，以江浙一带为重点，形成了更加富有中国气派、中国风格的文化。"

住宅区与商业区混合，催生了消费文化

宋朝后江南的城市生活，以精致高雅著称。但好"讲究"的，却并不局限于士大夫。因为经济贸易的繁荣，使得很多看似奢侈的东西，可以为一般市民消费。比如，香料在宋朝后成为中国对外贸易的主体产品，进口香料种类的增加使得熏香习俗从隋唐时的深宫大院走向民间，"宝马雕车香满路"成为宋词中的情景，据《武林旧事》所载，临安酒楼中也有专门"以小炉香为供"的"香婆"。至于饮食看重茶壶食盒的尺寸、形状，观看相扑可以选择女相扑、小儿相扑、乔相扑（一演员俯身四肢着地，套上戏装道具扮成两人相扑状，通常是商业演出），更是稀松平常。

宋朝不再实行"里坊制"，以临安城为例，"其余坊巷桥道，院落纵横，城内外数十万户口，莫如其数，处处各有茶坊、酒肆、面店"。住宅区与商业区的混合，使得市民的消费活动更为频密，也催生了以品牌为重的消费文化。《警世通言》之《白娘子永镇雷

清画家姚文瀚仿宋画风而绘的《卖浆图》

宋佚名《消夏图》

峰塔》中,老陈借伞给许宣,就再三叮嘱:"小乙官,这伞是清湖八字桥老实舒家做的,八十四骨,紫竹柄的好伞,不曾有一些儿破,将去休坏了!仔细,仔细!"

在商家那儿,功夫则要从前期宣传做到售后服务,比如找人做鞋,完工之后鞋内会夹有类似合格证的纸片,至元朝,发展为小玩具等器物底部刻有的"某某制造"标签,方便出现质量问题后退换。而《梦粱录》中记载的一则清明前夕临安城内制酒行业的推广活动,则不仅设有上书"酿造一色上等浓辣无比高酒"的布牌,还包括舞乐活动和"风流少年沿途劝酒",现代广告的基本元素,都已一应俱全。

在五光十色的公共生活中,市民既是参与者,也是贡献者

在宋朝的江南,作为一个城市居民可以享受到的社会福利与公共服务,有时是出乎现代人意料的。

他不会生活在肮脏的环境中。因为临安城中设有专门负责清理粪便的行当"倒脚头",每天向各户收集粪便,并用作花圃和郊区菜地的肥料;设有专门负责皇城内街道清洁的"司圊指挥",清扫街衢、搬运垃圾至城外、载船沿运河运走,分工十分明确;官府每年亦会差遣"淘渠人"疏浚河道阴沟。

如果他尚在襁褓之中便被父母遗弃于街头,或幼年失去双亲,将被送往"慈幼局",由官方出钱雇乳母喂养,每月供给钱、米、绢布,成人后可以自行决定去留;如果他风烛残年孤苦伶仃,或穷困潦倒乞讨为生,将被收纳进"养济院",接受官方米钱援助;如果他实在不幸,暴尸野外而无人收殓,身后事还会由"漏泽园"打

点，从体面下葬到祭奠，都妥妥帖帖。而确立这些制度的，正是常被后世批判为要对北宋灭亡负大部分责任的宋徽宗。

城市生活的妙处，并不止于此。一个临安货郎外出寻生计，他货担上的布伞扇子、风车风筝、"迎春黄胖"（彩绘泥偶），会为西湖边常年不衰的游艺活动增添良多趣味；终日在湖山簇拥的热闹街面上行走，他也得进分茶酒店（类似于茶餐厅）叫上一套素净可口的酒饭饱腹，也得进勾栏瓦子（综合性娱乐表演场所）看看艺伎们的新花样，学个时新调子好卖货。在五光十色的公共生活中，市民既是参与者，也是贡献者；既在消费享受这份繁华，也在为其增添光彩。

更加频密的互动，也凝聚了具有相同兴趣的人：精于射箭的，组成射弓踏弩社，"武艺精熟，射放娴习"者方可加入；长于诗文的，组成西湖吟社，歌咏节序风物，《武林旧事》作者、词人周密，即是其中活跃者；除此之外，若着迷蹴鞠、打球、木偶戏、歌唱，乃至文身、赌钱、七宝玩具，都可以因此结社，一些富豪之家的女信众，甚至会特意戴私藏的上好珠宝首饰参加上天竺寺光明会，被称作"斗宝大会"。

不过说到底，这些有美景美食、好友知己相伴的乐事，还是飞速提高的劳动生产力和官方较为宽松的社会控制的产物。另一个明显特征，是茶楼里也开始出现坐而论道、讽议时政的人群。若在魏晋时代，这一切均是难以想象的。

勾画中国日常生活基本面貌的，是"市民"

被繁荣都市生活深深浸染的"市民"，气质是迥然不同的。他们崇拜文化，国子监、书院、私塾和蒙童学馆林立的临安城中，到处都可以听到朗朗的读书声,大师之作频出的宋词,则又伴随着他们的宴乐之乐,在酒肆歌馆、寻常巷陌广泛流传。

他们以更鲜活、自主的形象示人,《清平山堂话本》中出现的快嘴李翠莲,"女红针指,书史百家,无所不通,只是口嘴快些",即使因为性格叛逆不容于婆家、娘家而剃度出家,也能"头儿剃的光光地,哪个不叫一声小师姑"。

他们也利字当头,渴望发财暴富,渴望"逆袭",甚至不择手段。《夷坚志》中临安赤山屠户李三,欲宰杀所饲一头肥猪,趁冬至节卖出好价钱,却梦见肥猪前来乞求延缓三日以便了此孽债,安心转世,李三老婆的评价是:"春梦秋屁,何足为凭!不及做一场经济,更何所待!"亦有余干(今江西上饶余干县)屠户王生公然制作"注水肉"牟取暴利,"积赀不胜多,至于买作田室"。但很多一文不名的农民、贩夫走卒,正是靠着自身打拼,在城市中站稳脚跟,又回乡买地置业。

不过无论如何,鉴于中国古代的衣食住行皆为严格的等级规范束缚,当通过各种途径迅速积累财富的商贾甚至市井游民也开始逾制建造广院豪宅,开始锦衣玉帛珠围翠绕,"士农工商"的森严壁垒出现了裂隙。

曾经身份低微的商人,在南宋都城临安扩大成为一个包括"四百四十行"的庞大体系,所谓"行"有严格的行规,如果一间茶馆的老板是茶行的一员,他手下因为私吞茶钱而遭到解雇的伙计,将不可能在任何一间类似的茶馆内找到工作。加上独特的交易语言"市语"和生活、互动方式,他们越发作为一个独立的群体甚至"阶层"而存在。

服务行业的从业者,分工也愈加具体,比如果子行中剥果皮取果肉的，锔缸锔漏勺的，专卖针线缝纫小玩意儿的，磨镜的，使得城市生活的细微角落也精致顺畅起来；他们为维持生计而愈加花样迭出、登峰造极的专业技能，为城市的发达与繁荣锦上添花，也为自己赢得了名声和体面的生活，临安宋五嫂的鱼羹，即是因为被宋高宗赵构亲自尝过赞赏，而成为一道杭州名菜。那些当红的厨娘受雇出手，也总会穿着精美的服装，身后跟一群"助理"。他们都为市民服务，他们也都是市民。

在宋以后的漫长岁月中，比起士大夫，"市民"的面貌始终复杂而暧昧，也许有进城的农民，也许有战争与饥荒产生的难民，也许有破落地主，也许有达官显贵。

但也正是这群人，勾画出中国日常生活的基本面貌。

开封,中国市民的"摇篮"

东京的叫卖声

当一弯晓月洒下的清辉尚未散尽,勾栏瓦肆的窗棂已被一阵又一阵欢乐的声浪推开了……这是约千年前当时世界上从未有过的最富浪漫色彩的一幕——东京(今河南开封)的文化娱乐早市开张了,许许多多市民被吸引着急急忙忙奔来,唯恐"差晚看不及矣"。

这种每日头回出演的"小杂剧",无异于小滑稽戏,过程短暂,但幽默风趣,令人捧腹……这是一种新型的娱乐市场样式,可惜很少有人关注到这一点。当然,卖艺赚钱并不自宋始,但是形成市场规模,在固定的娱乐场所绝早演出,实质是将伎艺当成商品出售,则是宋开先河。

娱乐市场不仅像磁石一样强烈地吸引着市民,同时也深深地影响着商业活动。那个时代,东京每种货物的出售已是非伎艺家或伎艺爱好者而不能了，如出卖商品，"必有声韵，其吟哦俱不同"，此起彼伏的叫卖声简直就是艺术的大会演。

我们可以从由东京古本老郎流传下来的、被写入元杂剧中的叫卖果子曲词，找到东京早市叫卖的一个旁证。圆眼荔枝、凝霜柿饼、高邮菱米……都被叫卖者饰以甜津津、香喷喷；或酸溜溜、美甘甘；或白扑扑、蜜煎煎……甚至，何种水果去秽，那味果子调腑，均以"叫歌声习演的腔儿溜"而传送，遗憾的是"叫果子"只是作为一种出名的伎艺而入载《东京梦华录》，并未留下曲谱。

类似的各种叫卖声，充溢着东京早市的每个角落。它们不是阶段性而是长久性的，就像潺潺溪流，叮咚动听，日复一日，汇成大洋……这使人联想起18世纪英国著名作家阿狄生所写《伦敦的叫卖声》中的一段话："每年，到了该摘黄瓜、收莳萝的季节，那叫卖声让我听了格外高兴。可惜，这种叫卖像夜莺的歌唱似的，让人听不上两个月就停了。"由此看来，伦敦的叫卖声不仅年代晚，而且持续时间短，规模也大为逊色。

宋以前城市如汉代的城市，也有过辉煌的吟唱，如司马相如所形容的"千人唱，万人和，山陵为之震动，川谷为之荡波"。又如天才的班固曾在《西都赋》里赞叹，"九市开场，货别隧分，人不得顾，车不得旋"。不过，这种用华丽词藻堆砌起来的宏大气势，不能与宋代早市，尤其是整个东京市场同日而语。因为司马相如、班固所说的这些均是帝王的生活，宋之东京较之汉之长安已有质的飞跃，商品经济的浪头已冲破了"坊"的封闭，临街开市，市场扩大到了全城内外：皇宫脚下，御廊两旁，宣德楼前，东华门外，也都商贾密布，买卖纷纭……

宋张择端《清明上河图》中东京汴河上的虹桥

从黎明到夜晚

早市就是应这种市场发展的情势而出现的第一支"尖兵部队",从理论上讲,由于小农经济的兴衰系于劳动强度的高低,所以人们宁可起早摸黑入市贸易,尽量避免白昼时间消耗于非生产性的劳动。学者普遍认为,是从拱卫城市的郊区而来的满载农产品的驴驮子拉开了东京早市的序幕。

但早市毕竟时间短,以真真假假的服装、古董买卖为主的"鬼市子"还混迹其中,所以白天的市场才是东京市场的正宗。可以瓦市为例。"来时瓦合,去时瓦解",从字面观之,瓦市与伎艺演出的瓦子有相同之意,它是东京最寻常的市场形式。相国寺瓦市为其中典型。

《麈史》记相国寺每月交易八次,《燕翼诒谋录》则认为"凡商旅交易,皆萃其中,四方趋京师以货物求售,转售他物者,必由于此"。因此瓦市上的商品极其丰富,由于竞争日剧,渐渐地涌现出来一些名牌。像孟家的道冠、王道人的蜜煎、赵文秀的笔、潘谷的墨……就占定了相国寺的"两廊"显要位置出售。类似于现代的商品经济社会,调剂价格、增加资本、丰富品种、扩大消费者资源……等等行为已开始由瓦市自身来决定。

相国寺瓦市上的书籍、图画、玩好的流通,给东京带来了另一种精神方面的氛围:在这里,可以寻到《汉宫香方》,置得《春秋繁露》的抄本,《汉书》《武夷先生集》《柳宗元集》等,镂板刊行,嘉惠士林。

游逛在相国寺色彩斑斓的商品长河中的人们意犹未尽时,夜幕

元代《卢沟运筏图》

明仇英《仿清明上河图》虹桥局部

已悄悄降临。朱弁在《续骫骳说》里描绘道：暮色中，女人们来不及小憩，神情蒙眬地赶快整理一下"残妆"再出去，因为邀请的客人已在门口等候了，夜市即将"粉墨登场"了。

需要说明的是，夜市不自宋始，较早可追溯到魏晋南北朝的"夕市"。唐代的汴梁即宋之东京，那时就有诗人王建对夜市的吟咏："水门向晚茶商闹，桥市通宵酒客行。"其他还有零星区域性的夜市，但多限于饮食方面，故显气派小，无法与大型的含有手工业作坊的宋工商夜市相比。

马行街的夜市最著名。其街长十余里，坊巷院落，纵横万数；铺席货行，鳞次栉比。大如金银丝帛交易铺，小如头面针线珠子铺，各色商家，无所不包，若铁器铺、靴鞋铺、腰带铺、衣箱铺、香药铺……商铺多为前店后场样式，后面自产，前面自销。这种店作一体的商铺，为夜市提供的商品与白天没有区别。

目前史学家比较一致的看法是，中国国家博物馆陈列的北宋山东济南"刘家功夫针铺"铜板，是中国最早的商标。济南有商标，那时的首都东京自然更有。《清明上河图》上店铺商标就有"赵太丞家""杨家应症"等。据载，那时马行街北的诸家医药铺，独具特色的商标招幌组成了一条品种缤纷的锦绣长廊，引人止步。像杜金钩家，用手执叉钩为标记；而任家产科，门首置有大红纸糊篾筐大鞋一双……

北宋东京的马行街可能拥有当时世界上最明亮的夜晚，各色灯火有如当代霓虹灯般流光溢彩。灯笼大多用蜡烛，如宣德楼的球形灯笼，据载"方圆丈余，内燃如椽蜡烛"。还有密密麻麻的油灯，用油以乌桕油为主，也有白苏籽油、油菜籽油、桐油……即使夏日，整个天下都苦于蚊蚋，可是蚊蚋恶油，却在马行街夜市上绝了迹，堪称马行街灯火的神话。而那些油灯，因为"包含了蒸气和水循环系统的全部现代技术"，还被李约瑟博士赞为宋代重大发明之一。

成群的市民逛马行街不仅仅为了购物，也是为了追求精神的愉悦：去瓦子听戏，到勾栏看耍。勾栏瓦肆犹如现今"夜总会"，不独轻歌曼舞，且有佳肴点心伺候。夜市嬉笑的声浪，竟传至皇宫，当宫人告诉询问此声的仁宗这是宫外酒楼的欢声，素以清净标榜的仁宗，不由感叹起自己的冷清，羡慕起高墙外的夜市生活来了……

这真是中国城市生活开天辟地的大事变。夜市增加了商品交易的时间，促进了城市经济的发展，丰富了城市夜间生活的面貌；夜晚的空间真正地属于市民，马行街、樊楼、龙津桥、潘楼、州桥一带灯火辉煌、欢声不断，直至四更方歇，有的甚至通宵达旦。直至五更，早市拉开序幕，东京又融进了新一天的朝霞……

从农民到市民

把《清明上河图》放到整个中国绘画历史中去观察，更能感受到其独特的时代意义，因为它描绘的是一幅气势恢宏的、前所未有的城市日常生活风光——在独轮车旁手捧铜钱的堂倌，在酒楼上倚窗远眺的闲汉，在街头聚众讲说的长髯说书人，在巷口拐篮叫卖步履匆匆的小商贩……一群群、一簇簇，形形色色的市民百姓，散布在无遮无拦的通衢大道、星罗棋布的茶肆客店之间。

中外学者经过长期、持续争论后得出结论：11世纪的东京人口已达到了150多万，是当时世界上人口最密集的城市。值得比较的是，西方城市史家往往将12世纪末的伦敦，当成中世纪欧洲城市

清院本清明上河图虹桥部分

生活的缩影，而彼时它的人口只不过3万多。

成千上万的农民，为了物质和精神生活的改善投向了东京的怀抱，从而使自秦汉以来就有的城市居民"市籍"制度扩大到了进入城市讨生活的全体民众。简言之，唐五代以来就有的"坊郭户"在宋代的东京逐渐演变成了具有现代意义的"城市户口"制度。拥有这种户口的人即为"市民"，虽然那时还有较为严格的等级制度，大体可分为三等——

上等：官僚、房主、豪贾、富工、贷主、揽户、手工业主等；
中等：营运和手艺有成效的商贩、手艺人和医生等；
下等：小商贩、工匠、雇工、穷书生、乞丐、娼妓等。

以娼妓为例。凡有户口的娼妓，都叫"官妓"。东京的酒楼相当多，以至于"绣旗相招，掩蔽天日"，酒楼一到夜晚，就有"浓妆妓女数百""以待酒客呼唤"。这个数量是相当惊人的，陶谷曾粗略统计说宋初的东京鬻色户籍即有万数之多——也算东京人口巨大的一个旁证了。

从人数上看，小商业者、小手工业者才是"坊郭户"的主体。据宋代许多笔记小说统计，小工商业者主要是以出卖劳动力糊口者，他们虽在城市，但并非都能就业，绝大多数处于"一日失业，则一日不食"的状态，于是每天清早都会去"雇觅人力市场"上寻找生计。这类市场有一整套严格的制度，如介绍人工作，需立契约，并要经纪人给予核验……已经含有今天"人才市场"的意味了。

各种"人力"大多集中在消费饮食服务行业，用今天的话来说即"第三产业"，其成分比较庞杂，如木匠、铁匠、陶匠、画匠、厨娘等。他们多半是从农村来城市谋生的"打工仔",但一入城市,就不再是农民而融入了"坊郭户",成了市民社会的一个主要组成部分。更有意思的是,身份甫一转换,新的市民就开始借杂剧之后的散段,尽情地嘲笑起昔日的农民弟兄来了:"村落野夫,罕得入城"……

市民对农民的调侃已成风气,但此风并非空穴来风,乃是农民对东京市民生活状态感到惊讶而引发的。东京不仅仅在农民看来颇具传奇色彩,"城中酒楼高入天"——这是宋话本《赵伯升茶肆遇仁宗》中微服私访的宋仁宗所看、所感的樊楼。樊楼是东京酒楼中的佼佼者。宋皇宫是以高大闻名于世的,而樊楼西楼第一层高得竟可以俯瞰皇宫。金国燕山也以樊楼为范本仿造过一座秦楼,规模小得多,但"楼上有六十阁儿(类似现代的包间),下面散铺七八十副桌凳"——足以想见樊楼规模之巨了。

酒楼高过皇宫,这是前所未有的新鲜事儿。而东京的每条街巷都布满食店,更是前所未有的新气象。那些为生意而忙的经纪人们,已达到了"不置家蔬"的地步。因为大量的"快餐"食品已普遍地供应于市。这类便宜小吃,规范的叫法是"茶饭",品种非常丰富,其中制作技法纯熟者已形成了著名品牌,如羊饭薛家、油饼郑家、乳酪王家……

《宋四公大闹禁魂张》里的宋四公就在野外途中吃卷蘸椒盐的肥熬肉的蒸饼,有小厮在枣槊巷口茶坊里叫卖鹌鹑馉饳儿,并为人传语、送信、捎物……难怪美国的《生活》杂志(Life)于1948年在"过去一千年来影响人类生活最深远的一百件大事"排列中,将第56的位置授予了"宋代的饭馆小吃连带快餐外卖服务"。

东京市民的动物脂肪摄取量是相当惊人的。每日苍茫暮色中,与大内相对、平时殡葬车舆都不能经过的南薰门，都有每群万数的猪，在数十人的驱赶下缓缓入来，而无有乱行者，堪称当时世界上最壮观的向商品市场行进的肉食动物队列了。

在养驯动物方面东京的市民亦纵情且斩获不小，这就是盛行一时的"弄虫蚁"。所谓"虫蚁"者，乃飞禽走兽、昆虫鳞介总称。东京的"虫蚁"和汉代百戏的驯兽已不尽相同，虽然主要也是观赏，但已利用"虫蚁"进行"商业演出"。于是许多绝技横空出世，惊人耳目。如追呼蝼蚁，宋以前不见著录，宋创为之空前，宋后尚有余韵，至20世纪30年代中期的北京天桥仍有延续：一位艺人驯化红褐色、黑色两种蚂蚁纷纷爬出，混杂一起，艺人自语一番，忽喊一声"排队"，两群蚂蚁立刻截然分成两队，毫厘不爽……

东京市民孜孜追求着一种极其精致、高雅的文明生活方式。其娱乐方式是多方面的。如每逢正月十五至正月十九的"是人都会去看灯"的"上元狂欢节"。在这时，日常生活规律被完全颠覆，男女混杂，无问贵贱，聚戏朋游，充街塞陌……

还有烟火。据载，宣和年间东京的伎艺人，已经可以自如地运用火药知识制造出上乘烟火效果来了：爆仗声中，云烟蔽覆，一群扮作神官仙众的盗贼，利用练就的踏索踢弄的伎艺，在烟火中踩着系于屋角兽头上的长绳似覆虚而行，真像神仙下凡，盗走了郑太师家供祭的金银器皿。虽为盗窃，可就其事的历史意义而言，它们也可以当时世界上最高的文明水平，载入世界文明编年史册而享誉世界……

领先世界的东京

1163年,一座犹太教会堂在东京建起。在此之前,浪迹世界的犹太人也曾来过中国,但多形单影只,自宋以后才有了完整的犹太社团入中国。在东京,北宋政府敞开胸怀接纳了这批犹太人,"归我中夏,遵守祖风,留遗汴梁"。后来,犹太社团逐渐由七十姓化为李、艾、高、穆等十七姓,完全融入了东京市民的生活。犹太人被同化,这在世界人口迁徙史上简直空前绝后,它使世人惊奇地打量东京:这片土地究竟拥有何等魅力?纵观世界史,或许可以找到答案。

千年以前的东京,除了看不到汽车的奔驰,听不到机械的轰鸣,市民生活已经有了"近世"的雏形。先看交通。众所周知,东京的水上交通十分发达。而值得关注的是,其市内街道也极其宽敞,主街"阔二百余步"——约300米宽,且在1127年前建成。从《欧洲中世纪简史》等著作,我们看到,巴黎街道是1184年命令铺设的,极其缺乏管理,夜壶通常从沿街窗口倒出,以致有一贵族在夜间穿过巴黎街道时,斗篷上被浇了一壶尿。伦敦更晚,13世纪末爱德华一世时才开始铺设街道。

行走在东京的大街上自然十分神气,那时还有了"出租轿、车"的服务。轿子无须赘述,车尤为妇女欢迎,故有"宅眷坐车"的专用名词。《清明上河图》一十字路口道上,就有一辆两头肥牛拽拉着的大车,此车侧面有描画精致的门、栏杆、垂帘,车顶覆盖棕毛,下垂四边,齐齐整整。以棕毛饰车或许类似于当今出租车顶上点亮的"taxi"标记?轿和车的租金均不高,随叫随到,甚是方便。直至夜色阑珊,还有马匹出租,清脆的马蹄声踏碎夜露,把尽享夜生活的市民送回居所,正是东京别具风味的《夜市归来图》。

家居城市,生活的幸福程度多数时候要仰赖城市管理。据载,宋时东京已经有了简单的交通规则,"贱避贵,少避长,轻避重",以及"去避来"——只是不知何以分辨来去。朝廷还征收了"侵街廊"税款,一方面认可、保护沿街的商家,另一方面也防止商家擅自霸占街道、阻碍交通。

中世纪的德国流行一句名言:"城市空气使人成为自由民。"可是直到13世纪以后,德国才知道了"一些有关保持水的清洁(涉及垃圾位置)"的规定。12世纪时的伦敦只有一套下水系统,一处公共厕所。对此,研究欧洲中世纪的霍莱斯特这样评论伦敦,"一个臭气熏天的、易于发生火灾的废物堆"。巴黎的臭味曾使国王昏厥并非危言耸听,已被热纳维埃夫·多古尔写进《中世纪的生活》里。

东京完全是另一番景象:城垣内外、街道旁侧种满了适宜东京土质的柳、榆、杨、桐等树木,再配以春之牡丹芍药,夏之苞鲊新荷,以及墨粉绿紫的秋菊,东京一年大半时光都笼罩在绿色的浓荫中,或可称为"花光满路"。东京还有专门的城市清洁工:每日由专人收集各家马桶送到一集中地加以处理——《水浒传》就曾描写了这样一个大相国寺菜园内的"没底似深"的粪窖。

为了保持市民的饮用水供应,夏季东京有职业淘井者。所淘田字形方井,为东京普通市民常用饮水井,在《清明上河图》中清晰可辨。为了使排水、排污顺畅,每逢春季政府就差人夫监淘城内外的沟渠。"开春沟,畎春泥。五步掘一堙,当途如坏堤",梅尧臣的诗《淘渠》就是这一情景的生动写照。

公共卫生如是得到保障,个人的卫生则可体现在洗澡等方面。

德国 12 世纪才开始有公共浴室，洗浴属于少数上层人的奢侈。而 11 世纪的东京，公共浴室是从早市一直开到夜市的，生意兴旺。苏东坡曾就洗澡写过两首《如梦令》："但洗，但洗，俯为人间一切。"可见洗澡是极舒服、极流行的。

和欧洲的大城市相比，除东京市民居住、生活条件舒适占先外，还有由政府所设计和实施的城市基本建设亦相当完备，如专业的消防队伍——据北宋后期孟元老所记：每坊巷 300 步（宋制一步约合五尺），就设一"军巡铺屋"，每铺五名铺兵，夜间巡警。扑灭火的工具，也是自宋始渐完备，主要是水桶、水囊、水袋、洒子、麻搭、斧、锯、梯子、火叉、大索、铁锚儿、唧筒之类——唧筒的发明和使用，是一划时代的贡献，为我国最早的消防泵浦。

从科技史上看，李约瑟认为宋代是一个"伟大的时代"，有着许多影响文明进程的大发明、大创造，如印刷术、算盘、交子和信用票据、火药、水泵、船坞；也涌现了许多影响生活质量的新鲜器具，如暖水瓶——竺可桢曾认为北宋时期中国特别寒冷，而冬季东京夜市就出现了提保温水瓶的卖茶者……

在一千年前的东京，大量流通的货币大约占当时世界的三分之一（约合今日 70 亿美元之巨），而商业税收第一次超过了农业税收，繁盛的商业把古代城市的发展推向了高峰，同时催生了典型意义的市民阶层与城市管理。东京真像一本不断翻开的大书，为它所在的时代作出生动的注脚。它又像一个梦，给中国和世界送来一段传奇……

二编 杂学

严嵩与名画

如果在明嘉靖朝建立一座包括明代名画及明以前历代的名画的展览馆的话，恐怕以极重书画而著称的明统治者，还有明政府，也都拿不出像样的名画藏品来，放眼望去，名画也未散存在全国各地，而几乎集中在一个人的手中，即全国只有严嵩才具备开办名画展览馆的能力。

之所以这样说，是根据记录抄严嵩家情况的《天水冰山录》：所抄法书名画最多，江西严嵩家藏古今名画手卷册页三千二百零一轴卷册，北京严嵩家抄没名画三千六百零五部轴，合计六千八百零六轴。据统计这二处所抄，不及严嵩财产的十分之四五，所谓狡兔三窟，岂能根连株拔？还有相应数量的名画被严嵩隐藏起来。但仅抄录下来的浩繁名画就可以使我们犹如面对一片又一片绝妙美景的丛林了：

婴戏乐，货郎担；渔家图，鲍老戏，挟一股民俗清风扑面而来，那壁厢为徐熙红白山茶花怒放，这壁厢则是唐人阿房宫殿巍峨，金碧山水，古木林泉，各

北宋王希孟《千里江山图》青绿山水局部

金武元直《赤壁图》局部

北宋李赞华《番骑图》 现藏美国波士顿美术馆

马麟《楼台夜月图》

色翎毛，四景花草，戴嵩健牛，胡环番马，契丹纳款，西园雅集，越王榭阁，便桥受降，沧浪濯足，羽扇消闲，白描罗汉，唐寅美人，周昉杨妃出浴，黄荃金盆浴鸽，葛洪炼丹图，沈周烟雨卷，太祖蹴鞠，明皇击球，王振鹏龙舟竞渡，顾闳中江南夜宴……

绘画的各种样式、技法、题材均网罗无遗地展现在严嵩之家，我们看到，从最早的晋朝顾恺之的卫索像，晋人所画的女箴图，到唐代吴道子的南岳图，阎立本的瀛洲学士图，乃至皇帝的御制，如徽宗秋鹰，武宗仙图，皆为一代精品，特别是宋画所有精品皆收入眼底，范宽、郭熙、李迪、萧照、马远、梁楷、夏圭、李嵩、米芾、李成、李公麟、苏汉臣、刘松年……宋代最著名的画家各携画卷络绎于途，俨然要举行一场空前集中的宋代名画展览会……

目睹此景，人们不禁要问：严嵩是如何获得如此众多名画的？解答这一问题，需从查抄严嵩家财的来源说起，据史载，严家财产主要分成三类，一是官吏赠送的，一是巧取豪夺的，一是陷害他人所得。

以谋取名画为例，如严嵩所藏名画中的《越王宫殿图》是仁和丁氏家宝，《文会》等图乃是钱塘洪氏家物，这些名画都是总督胡公用数百两金子购买再转送给严嵩的。但严嵩并不满足，为将《清明上河图》据为己有，竟亲自出马制造了一系列"冤狱"，如严嵩听说《清明上河图》在兵部王振斋手中，便以"欺相"罪名缉拿王以索画致使王死在狱中。又传《清明上河图》是苏州陆氏珍宝，严嵩便用一千二百两金子购买到手，才得其赝本，但这一购画过程，却祸害了王彪、汤九、张四等人家……

此事余波在清朝仍旧荡漾，王士禛《古夫于亭杂录》曾记：铜梁张襄宪公肖甫家，收藏《清明上河图》第二本。张病中告诫子孙：此图有名于世，初本为严嵩劫取酿成祸害，如他日有人求此画，可以送人了事。张公逝世几年后，一中丞以三百两金子的价钱来买此画，张公之子按照父亲所诫，返回金子，将这本《清明上河图》白送给这位中丞。中丞得到《清明上河图》甚喜，又将金子送与张公之子，可张公之子坚辞不受，中丞只好顺水推舟，但为此大张伎乐，召亲朋宴欢，以为幸事。

此史料揭示了严嵩已造成以画害人的恶劣影响，以致在人们心头长久不能抹去。视名画为生命的收藏者，宁可不要画不要钱，也不去冒犯严嵩所谓的对名画的嗜好。

当然，从严嵩《钤山堂集》看，诗家认为严嵩的《灵谷》《登岳》等诗列入明代的"雅品"还是够格的。严诗不乏清新典雅者，

赵佶《芙蓉锦鸡图》（院体画）

唐李昭道《明皇幸蜀图》

如《喜友人至》：

> 下马柴门日已曛，灯前悲喜话同群。空江当晚无来客，远道情深独见君。瓦瓮细倾山郭酒，藜床闲卧石堂云。莫言古调只自豪，且诵新篇慰我闻。

感情真挚之作，系严嵩尚未发迹之前的文字，也就是说那时的严嵩尚未变坏，后来严嵩彻底变坏了，但这些诗作是客观存在的，许多文士推崇严嵩，就是以此为出发点，如王世贞《新乐府变》所说严嵩："孔雀虽有毒，不能掩文章"。从严嵩的藏品去印证，确以法书名画最多，似乎可以看出严嵩的品好倾向拔出流俗，但是严嵩欣赏名画的文字却遍觅不得，使我们无法对严嵩藏画的鉴赏程度，作出像《万历野获编》那样"贪残中又带雅趣"的自相矛盾的评价。

史实上，发迹后的严嵩并未增长多少"雅趣"，为一幅画他可以祸害数十人家，何雅之有！仅此一端就足以表明他已经完全堕落成一贪掠狂、迫害狂，为一己利益已到连遮羞布都不要的地步，何趣之有？如在严嵩家查抄的财物中一不入品的筷子竟然有：乌木筷子，六千八百九十六双；斑竹筷子，五千九百三十一双；漆筷，九千五百一十双，甚至还有裹脚布八十双，各样破烂小旧衣七百六十八件，由此可见识严嵩雅趣的水平了。

"东西"续考

大学问家杨宪益曾著《饮酒啖肉论东西》(《中国社会科学报》2010年1月14日)一文,说:"五行金木水火土,金指西、木指东、水指北、火指南、土指中,五个方向。古人盛物多用篮筐,东西即金木,自然可用篮筐盛放,南北为水火,就放不得了,所以买东西可,买南北则不可也。"

2012年5月30日《都市资讯报·往事》专栏有文说:江彬拎一只竹篮,上用布盖,问正德间四川状元杨慎,杨说:你这里装的是"东西",江说不是"东西",是"南北",杨说:不可能,因为东方属木,西方属金,南方属火,北方属水,所以竹篮装的只能是"东西"而非"南北",否则不是被火烧就是竹篮打水一场空。"东西"由此而来。

上举两例,路径相同,均从阴阳五行理论出发解释"东西",当然也可备一说。但笔者考虑到解释不够贴切。其实此种说法由来已久,清人平步青在《霞外捃屑》亦说过这类故事:明崇祯帝曾问臣僚:市肆

元佚名《卖鱼图》

交易，止言买东西，不说及南北，这是为什么？侍臣周延儒回答：南方火，北方水，黄昏时候敲人家门求水火，没有给的，这时不待交易，所以只说东西。

平步青又对"东西"溯源，考证《公羊传·襄公十六年》就有用旂旐比喻赘婿，妻子所持执之物为"东西"的记载。还有束晳《贫家赋》：债家追讨，取东偿西。此已与"东西"稍近。《齐书·王巘传》记他祝武帝寿百年。武帝说：百年怎么可得？但得"东西"一百，于事可补。可见此时已将物品叫"东西"了。物产四方，约言"东西"。就好像《史记》所记四时均叫春秋一样。

平步青考实了自春秋时期就有"东西"一说，但也在这一时期，"东西"多为方位用语。代表者如《孟子·告子上》："人性之无分于善不善也，犹水之无分于东西也。"《楚辞》紧随其后，汉刘向《九叹·远逝》："水波远以冥冥兮，眇不睹其东西。"至唐，"东西"有所变化，《文献通考》记唐大中二年正月制："所在逃户见在桑田屋宇等，多是暂时东西"。这里的"东西"则为产业，为物质性。

简述以上"东西"之例，均有道理。综合言之，笔者则主张"东西"主要是对货物的概括，大家所熟悉的北朝民间乐府《木兰诗》："东市买骏马，西市买鞍鞯。南市买辔头，北市买长鞭"，可作一证。又据史料，魏晋南北朝时，大中小城中，的确有多个市，如东吴建业就有大市、东市、北市，后又增斗场市，共四市。《木兰诗》所说东西南北四市，很大程度上是这种情况的艺术描写。

比较明确的是自汉代始，大城市长安的买卖货物主要集中在东西二市，考古工作者已对此结构进行了辨析。《长安志》也证实东市的货财竟达二百二十行之多，"东西"市卖"东西"已是客观存

丁观鹏《太平春市图》局部　纸本设色

在。唐继汉制，在长安东西二城划出商业区为东西二市，从这个角度说，"买东西"可以成立，"买南北"则无从谈起，因"南北"市不见典籍，《长安志》所记市场主要为"东西"二市。

自隋唐以后，东西市商业格局进一步形成。如《乐府杂录》：长安东市的修乐器商店；唐小说《三梦记》：长安西市帛肆。如此之类，不绝于史。自宋以后，东西市的格局仍存在，但已不像唐代东西市方位那样严格，这是由于坊市制度崩溃，不过城市商业布局与开拓仍按东西方向，如东京东面御街，从州桥向东，经临汴河大街，这一带商贾云集，饮食品牌迭出，如贾家瓠羹、孙好手馒头等，西面御街，靠近州桥处，乃是果子行，时行纸画，花果铺席，等等，再往西则是顾客蜂集的遇仙酒楼……

如果再观察一下明代的开封，就会发现宋东京的商业东西市的余波仍在，而且越来越盛如《如梦录·街市纪》：东西二个方向，

布满了大小商行货品,像果子铺、饭店、酒馆、卖炊帚、擀面杖、蒜臼、笊篱、勺瓢之类,其他百样酱菜、诸食美味、成套木器、小书时画……应有尽有。清代城市商业亦按此路子延续,如清北京货物集散之地亦为东西方位之制,李虹若著《都市丛载》专就东西巷所布货物赋诗:"五色迷离眼欲盲,万方货物列纵横。"足见东西巷商品的丰富。

值得注意的是,自宋始,"东西"的意思已非常明确,与今天我们所称的"东西"含义无异。这由最能反映社会生活这一现象的小说、戏曲体现得最为鲜明。如宋话本《曹伯明错勘赃记》说宋林"去一家偷得些东西驮着",而小桃发问也是"哪里的东西?"伯明诉冤亦是"小人不曾拿人东西。"元杂剧《江州司马青衫泪》:"但犯着吃黄虀,这不是好东西。"明《初刻拍案惊奇》卷一:张乘运向文若虚说:"将就置些东西去也好。"《二刻拍案惊奇》卷一:"这等看起来,大略也值些东西。"清《儒林外史》第三回:"这都是别人家的东西,不要弄坏了。"

对宋元明清"东西"的排列对比,便可获得十分清楚的印象:"东西"可以具体物化,也可以大而化之地形容。它自汉唐以来的买卖物品演变成了广泛意义上的事物,到了宋即演变成了我们常说的物质物品,包含更广,若形容人艰苦创作等,均可冠以"东西"之称了。

三棒鼓、秦楼、市语

宋话本《杨思温燕山逢故人》，说的是杨思温流落在燕山，于元宵观灯之际，又逢故人韩思厚的妻子郑意娘的故事。作者将重点落在"燕山逢故人"上，由此而展开一系列燕山生活习俗的场景，从而使我们窥见了金统治时期燕山地区人民生活习俗的某些侧面。

首先，话本作者选取的是最能体现汉家生活习俗特点，而金人亦步亦趋效仿的元宵灯节，进行了大肆铺叙：

> 虽居北地，也重元宵。未闻鼓乐喧天，只听胡笳聒耳。家家点起，应无陆地金莲；处处安排，那得玉梅雪柳？　小番鬏边挑大蒜，歧婆头上带生葱。汉儿谁负一张琴，女们尽敲三棒鼓。

尽管这首词不乏调侃，乃至有贬低燕山元宵之夜的意味，但还是刻画出了金人生活习俗已经汉化的些许特征。所谓"家家点起"的虽不是东京那种地上遍燃的

三棒鼓图

哨俑图,这是在宋元文艺演出常常出现的市民形象,相当多的市语是由他们传播开来的

金莲灯,"处处安排"的也不尽用罗、绢、彩缎剪成,可以簪戴的玉梅、雪柳之花饰,然而毕竟这些中原风韵已化作燕山习俗,甚或女真孩童、婆娘头顶耳畔或挑大蒜,或戴生葱,乔模乔样也要拉近与东京元宵插戴花朵的生活习俗的距离。"女们尽敲三棒鼓"则更为这种模仿而来的生活习俗做了例证。

《东京梦华录》曾记东京僧人元夜"弄椎鼓,游人无不驻足"。又据李有《古杭杂记》,可知"椎鼓"唤"三棒鼓",又谓"花棒鼓",即轮流抛弄,花样百出,这是需要很高技巧的。手法娴熟,心灵感应,也许正是"三棒鼓"的这一点尤得妇女的青睐,她们"竞观之以为乐"。

但是在东京众多的技艺中,"三棒鼓"只不过是一极平常的技艺,它之所以能够在燕山元宵灯节火爆异常,显然是由于模仿汉族技艺表演的结果。因为据史载,金代的娱乐生活习俗是很贫乏的,所以金人每次侵掠宋朝,都要掳走或"强索"大量的技艺人,以改变和充实自己的娱乐生活习俗。《许亢宗行程录》记金人作乐有腰鼓、芦管、笛、琵琶等,曲调与汉族一同,只是"腰鼓下手太阔,声遂下,而管笛声高,韵多不合";舞者则"回旋曲折,莫知起止,殊不可观"。

许亢宗的描述颇具代表性,表明金人娱乐生活习俗尽管取自汉族,但在准确性等方面还是欠缺的,然而它也有超越的一面,如东京的"三棒鼓"往往为僧人表演,女性围观;而燕山更为开放,妇女不只观看,也积极、直接地投身其中,以至呈现出了"尽敲"的动人景象,"三棒鼓"在燕山金人地区已衍化为一种娱乐生活的态度,一种普遍参与的元宵灯节的女性特殊习俗。

燕山对东京生活习俗的接受,不仅仅限于"三棒鼓"之类的娱乐方面，更为突出的是他们在居住建筑上几乎全部照搬东京的模式。如宫阙全为东京皇室规制，甚至屏扆窗牖，也多为宣和旧物，尤其是为大众服务的消费设施，如茶馆酒楼，已与汉族发达地区无差。山西五台山北麓繁峙县金代正隆三年（1158）所绘壁画可以看出，金代城市中的食肆酒楼十分繁华：楼阁宏伟，食贩忙碌，舞女蹁跹……丝毫不输于东京一流酒楼，甚有过之。《杨思温燕山逢故人》的作者似有感于此，遂以燕山秦楼而找回东京生活习俗的场景：

> 原来秦楼最广大，便似东京白樊楼一般。楼上有六十个阁儿，下面散铺七八十副桌凳。

樊楼为东京酒楼之甲，每日饮者常达千余。秦楼楼上楼下的规模，堪能与之比肩，想来一定是美酒佳肴，热闹非凡，很吸引人。因为金人地区内河北相州就有一条以秦楼命名的街道，在这条"秦楼街"上汇集了许多食店、酒楼，其街因美食而闻名。

实际上，金人根据自身饮食特点而制作的食品已经非常流行，且质量上乘。如元代百科书《居家必用事类全集》所记"女真食品"：厮刺葵菜冷羹、蒸羊眉突、塔不刺鸭子、野鸡撒孙、柿糕、高丽栗糕等。其中既有冷羹，又有热菜，糕点方便精致，烹调技法已相当成熟，是可以登秦楼这大雅之堂的。

为了与秦楼的品位相匹配，秦楼的"跑堂"陈三儿，竟也是来自"东京白樊楼"，他"自丁未年至此，拘在金吾宅做奴仆。后来鼎建秦楼，为思旧日樊楼过卖，乃日纳买工钱八十，故在此做过卖"。陈三儿不在秦楼时，则由曾在东京"寓仙酒楼"做"过卖"的小王顶替，对"跑堂"的选择，均要以东京樊楼为准，这不仅仅是为了使金人能够享受到上乘的酒楼服务,同时也是以此使金人产生浸染于东京饮食习俗的亲切感。

为了加深这种亲切感的层次,话本作者曾交代陈三儿与杨思温用了东京人熟悉的"市语"交流:"只见三儿下楼,以指住下唇,思温晓得京师人市语,怎地乃了事也。"话本作者这里所说的"市语",主要是工商同行解释和交流的语言。

如宋话本《万秀娘仇报山亭儿》中茶行:"当日茶市罢,万员外在布帘底下,张见陶铁僧这厮,李四十五见钱在手里。万员外道:'且看如何?'元来茶博士市语,唤作'走州府',且如道市语说'今日走到余杭县',这钱一日只稍得四十五钱,余杭是四十五里。"又如宋初东京有何家楼,其下卖物皆行滥,故有了卖"何楼头面"的市语。

燕山的市语毫无疑问也是受东京的影响,据《许亢宗行程录》:燕山"城北有三市,陆海百货,萃于其中"。工商业的发达必然带来市语的繁荣,而且也像东京市民一样,将市语突破了工商行业专用语言的范围,变化成为广大人民群众所熟悉的口头习俗语言。《杨思温燕山逢故人》中就有这样的例证:

杨思温与韩思厚访问一打丝线婆婆,那婆婆就道:"媳妇是东京人,大伯是山东拗蛮。"称年长者或年长自己的丈夫为大伯,情理尚通。燕山的市语恰到好处。可是在东京,"大伯"的称谓就更为广泛了。"凡店内卖下酒厨子,谓之'茶饭量酒博士'。至店中小儿子,皆通谓之'大伯'"。相比之下燕山市语虽和东京同步,显示了文明程度的进步,但总体还是逊于东京。

这就像路振《乘轺录》所概括的金人对汉族生活习俗的向往和仿效程度那样:"营井邑以易部落,造馆舍以变穹庐,服冠带以却毡罽，享厨爨以屏毛血，皆慕中国之义也。"三棒鼓、秦楼、市语……则正是这一历史过程中产生的动人景象，话本作者巧妙予以撷取而融入笔端，使我们犹如随其在东京穿行——如话本作者交代贵夫人，"常常夜间将带宅眷"到秦楼饮酒，使人不由想起那著名的"夜深灯火上樊楼"的诗句，多情周胜仙在深夜樊楼闹鬼的故事，与杨思温深夜秦楼遇故人，似有异曲同工之妙。

又如杨思温以东京语音去寻东京故人，杨思温在昊天寺罗汉堂内，问一立佛座前化香油钱的行者，才知他是"大相国寺河沙院行者，今在此间复为行者"。杨思温在燕山遇到的妇女，其服饰打扮，"未改宣和妆束，犹存帝里风流"。杨思温等人在僧堂寺壁、秦楼壁、花园屏风上所看到的《御阶行》《忆良人》《好事近》等词、文，莫不深深陶醉于其中。还有杨思温等去败落花园找寻骨灰匣，话本作者陡转一笔："正面三间大堂，堂上有个屏风，上面山水，乃郭熙所作。"这不仅于紧张中寓轻松，颇具诗情画意，而且处处可见似在不经意间勾勒出了汉家生活习俗。

当然，这是与居住在燕山的汉民族有紧密关系的，如《杨思温燕山逢故人》所说燕山元宵灯节"半是京华流寓人"，并非夸张之词，中原汉族人口占燕山大部分，因而其生活习俗也形成了燕山主流。但是燕山毕竟还是有相当数量的女真、渤海、契丹、奚等土著留居，他们和汉民族一起构成了如后来金代宰相张浩所说的"四方之民"。

这些"四方之民"相互融合，逐渐形成了以中原汉族生活习俗为主的燕山生活习俗。话本作者即用如此生活习俗印证了这样一个道理，那就是如马克思主义经典作家所说的："在长时期的征服中，比较野蛮的征服者，在绝大多数情况下……他们为被征服者所同化,而且大部分甚至还不得不采用被征服者的语言。"这就如同《杨思温燕山逢故人》结尾:满燕山"皆唱"郑意娘题屏风上《好事近》词,《杨思温燕山逢故人》正是从这一角度成为民族生活习俗融合的杰出的表现者。

宋元商标与广告

在宋话本《三现身包龙图断案》中有这样一个场面:东京李杰去兖州府奉符县前卖卦。他"用金纸糊着一把太阿宝剑",又用一个"招儿",上写道:"斩天下无学同声"。纸剑是商标,字招儿是广告,有了这两样,李杰的卜肆才算开张。这就如同张任国《柳梢青》词中说的:"挂起招牌,一声喝采,旧店新开。"宋代商标与广告不可分割、相辅相成的作用于此可见。

宋代是中国历史上商品经济比较发达的时期。在日益竞争激烈的商品大海中,鱼龙混杂,作伪商品频频出现,以至泛滥成灾。谢采伯《密斋笔记》云:高丽国所出席子卷舒轻柔,价钱昂贵。但因质量高不易买到,于是四明便造假高丽席子供应市场。这种假高丽席子造得水晶般莹澈,招人喜爱。后来,又有江西上饶再造这种假席子,其水晶颜状竟至青色。

以假乱真的行径,迫使商贩们特别注意创造具有自己特色的商品标记和商品信誉。东京城里靴店的制靴者,都要在靴子衬里放上一张纸条,上面写着由谁制造字样。如宋话本《勘皮靴单证二郎神》所记:从一只靴子衬里搜出一张上面写有"宣和三年三月五日铺户任一郎造"字样的纸条来。为了对这一商标负责,任一郎家里特设一本"坐簿",无论是官员府中定制的,或是使客往来带走的靴子,都在"坐簿"上写明。同时,在皮靴里面也有一纸条,字号与"坐簿"上一样。"只消割开这靴,取出纸条儿来看,便知端的"。这显然是一种维护其商标权利的做法。

元代仍盛行这种做法。如玩具制造者出售的"魔合罗"儿童玩具,为了表示其质量优良,与众不同,都在"魔合罗"底部塑上自己的名字。元杂剧《张孔目智勘魔合罗》中的张孔目,正是依靠着"魔合罗是你塑的,这高山是你名讳"这一特征,才抓住了破李文道杀李德昌一案的线索。

商标不独为识别标志,它还是商品质量和信誉的化身。宋话本《志诚张主管》中写道:张胜没有了过日费用。他妈妈让他将屋上挂着的一个包取下来,打开看时,是个花栲栳儿。他妈对他说:"你如今依先做这道路,习爷的生意,卖些胭脂绒线。"张胜便在门前"挂着花栲栳为记",开起了胭脂绒线铺。所谓"花栲栳",又叫作"栲栳",它是用竹篾或柳条编制而成的圆形盛物器具。以"花栲栳"这一圆形盛物器具作商标,是由于张胜的父亲善于经营,已使张家的花栲栳不同凡响,创出了牌子。

然而,创出名牌商标谈何容易。叶梦得《避暑录话》说:北宋名噪一时的"潘谷墨",之所以能赢得他亲手造的墨比别人造的要黑的声誉,是因为有以下几个原因:首先,他讲究质量,采用当时最为优良的高丽煤烧制墨;其次,他讲究信誉,从不以次充好;第三,他技艺超群。《锦绣万花谷》中便记载了其"隔锦囊知墨"的绝技;第四,他精益求精,见贤思齐,不断努力提高自己的制墨技术。正因如此,潘谷所制的墨才成为"世珍"级的名牌商品,"潘谷墨"也为内廷所收藏,以至有人得到几丸便当作宝贝秘藏起来。用现代语言来说,"潘谷墨"算是驰名商标了。

宋代的驰名商标又何止一个"潘谷墨"。仅从东京饮食行业来看,名牌食品即有"北食"樊楼前李四家、段家熬物、石逢巴子和"南食"寺桥金家、九曲子周家等。并且它们分门别类,如油饼、胡饼最好者是武成王庙前海州张家、皇建前院郑家;包子则为御廊西鹿家、王楼山洞梅花包子;馒头是孙好手、万家;羹是史家瓠羹、贾家瓠羹、徐家瓠羹店、马铛家羹店。特别是以周待诏命名的瓠羹,120文钱一个,充分显示了名牌食品商标的价值。水果则以梁门里李和炒栗名闻四方,因为其加工讲究,他人效仿终不可及,所以陆游将之作为著名商品录入《老学庵笔记》。

这种传统,一直延续到南宋临安,以至时人认为:大抵都下买物,多趋名家驰誉者。如宋话本《白娘子永镇雷峰塔》中的许宣因遇雨,在三桥街向开生药铺的李将仕借把伞用。店中老陈遵照主人之命将伞递给许宣,特嘱咐道:"小乙官,这伞是清湖八字桥老实舒家做的,八十四骨,紫竹柄的好伞,不曾有一些儿破,将去休坏了!仔细!仔细!"市民对名牌商品的推崇由此可见一斑。

《梦粱录》也记录了当时市民所钟情的各式各样的名牌商标,店铺,诸如:陈家彩帛铺、舒家纸札铺、童家柏烛铺、凌家刷牙铺、孔家头巾铺、徐茂之家扇子铺、徐官人幞头铺、钮家腰带铺、张家铁器铺、张古老胭脂铺、戚百乙郎颜色铺、三不欺药铺、仲家光牌铺、香家云梯丝鞋铺、李官人双行解毒丸铺、朱家裱褙铺、尹家文字铺、陈妈妈泥面具风药铺、保和大师乌梅药铺、戚家犀

宋佚名《眼药酸图》，图中卖眼药者，披一身眼睛绘图，贩卖眼药，是宋代市民在广告史上的一大创造

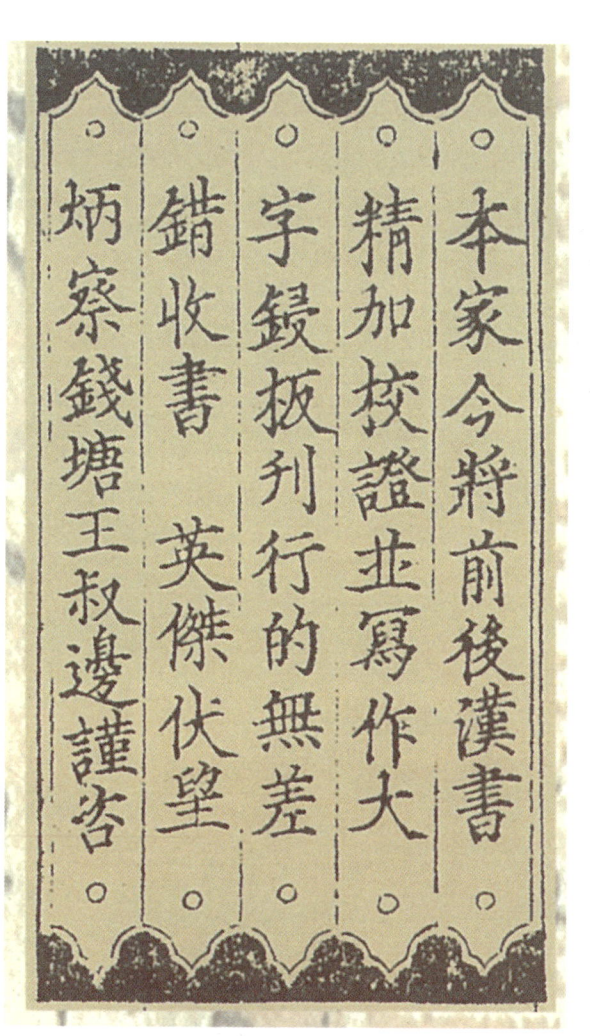

南宋隆兴年间钱塘王叔边刻《后汉书》广告

皮铺、彭家温州漆器铺、归家花朵铺、周家折揲扇铺、陈家画团扇铺……

这种以名字命名的商标在宋代是很普遍的。张择端《清明上河图》中店铺的商标，就有"刘家上色沉檀栋香""赵太丞家""杨家应症"等。同时，实物商标也成为宋代商业的时尚。有的医家因医治好皇帝的病，以皇帝赏赐的物品为其商标，如临安平防御药家以御赐金杵臼为市招等。

为了招徕顾客，店家是不惜花费工本、标新立异的。东京界身北巷口的宋家生药铺，两壁却布满了李成所画的山水。李成系宋代具有"前无古人"之称的山水画家，其画世传为宝，可却被装饰到药铺壁上，这确实是一种高品位的艺术广告。它不禁使人想起《析津志》所记元大都的"酒槽坊"的景象：

门首画着春申君、孟尝君、平原君、信陵君四位公子像，并以红漆栏杆环护，上盖有宫室形状的巧细升斗；两旁大壁上并画车马、驼从、伞仗，又间画汉钟离、吕洞宾为门额；正门前起立金字招牌……这种富丽堂皇的艺术性广告形式，不由人不驻步观望，印象加深。

为了吸引人，商贩还利用印刷技术，使自己的商品家喻户晓。洪迈《夷坚志》中记载有临安专门推销"治暑泄病"的药方广告，其文为："暑毒在脾，湿气连脚。不泄则痢，不痢则疟。独炼雄黄，蒸面和药。甘草作汤，服之安药。别作治疗，医家大错。"这样的广告词，显然是揣摸了人们暑期心理后而精心撰写的，不愧为广告中的佳作。宋话本《宋四公大闹禁魂张》中，侯兴老婆问赵正吃什么药，赵正也回答了一套："平江府提刑散的药，名唤作'百病安丸'，妇女家八般头风，胎前产后，脾血气病，都好服。"身为盗贼的赵正，能够把此药的性能记得如此烂熟，是因为印在纸上的药方随药奉送，它能很快传播开来，深入人心。

无独有偶，近年来考古学家还在内蒙古阿拉善盟发掘到一批元代文书，其中有一份竹纸墨书广告，其纸面长25.8厘米，宽9.8厘米，全文为：

> 谨请贤良，制造诸般品味。簿海馒头饰妆，请君来日试尝。伏望仁兄早降。今月初六日至初八日小可人马二。

这是一种高明的推销饮馔的广告。广告者将顾客恭维为"贤良"，又限定日子是初六至初八，使人产生了光顾的兴趣。印刷术为广告的风行，提供了便利的物质条件。而书商在这方面是占有很大的优势的，他们能将自己的意向随时而又迅速地和读者沟通。《天一阁藏本》中有孙存晋编、虞集校选、至元二年（1336）印刷的《元诗》，其书附有一征诗广告：

> 本堂今求名公诗篇，随得随刊，难以人品齿爵为序。四方吟坛多友，幸勿责其错综之编。倘有佳章，毋惜附示，庶无沧海遗珠之叹云。李氏建安书堂谨咨

这是目前所能见到的古代征稿广告中最早的一例。

元代书商为了使自己刊印的书籍行销更广，还常常在书中附有简短广告。如余氏勤德堂《十八史略》，封面有两行八大字的书名《古今通要十八史略》，每行大字旁还附有两行广告小字，右旁是"通略之书行世久矣，惜其太简，读者憾焉"，左旁为"是编详略得宜，诚便后学，以梓与世共之"这样的广告词，简明扼要，十分符合读书人的胃口。

南宋李嵩《货郎图》,穿巷走乡的商贩挑一担物品,犹如一个流动的广告摊床

在宋元时代，广告还广泛运用于勾栏瓦舍的文艺演出之中。洪迈《夷坚志》载："四人同出嘉会门外茶肆中坐，见辐纸用绯帖尾云：'今晚讲说《汉书》。'"又《宦门子弟错立身》中有"侵早已挂了招子"，实际是戏班老板在演出前挂出戏剧广告，将所演的题目写在招子上，如同总括一剧主要内容的《张协状元》《小孙屠》的开首"题目"那样。

为了招引更多的顾客，宋元商贩还运用吟唱来宣传自己的商品。宋代的《都城纪胜》就勾勒出了一幅临安顶盘排架的商贩"遍路歌叫"图，而此类广告现象在当时俯拾即是。不止一次被历史研究者征引过的元杂剧《逞风流王焕百花亭》中的卖水果的商贩，则将自己所卖的水果编成一大套抑扬顿挫的韵语沿街吟唱。这样的宣传，是一种口头广告，饶有风趣。它对我们今天的商业经营，仍有着启迪意义。

伪钞的鉴戒

著名文学家周密在《武林旧事》中曾记杭州元宵之夜，舞队连亘十余里，政府派员用大口袋装满纸币，凡遇小经纪人，必犒数千，其中有狡猾者，只用小盘装几片梨藕，反复出入人群，就可多次支请纸币，这种行为不被禁止……周密虽未言此事其中是否有伪币，但此景象可反映出宋代纸币数量和使用既盛又滥。

这就如同任何事物都有利弊二面一样，从利的一面看，纸币可代替笨重的交换媒介，于经济流通大有好处。但正因纸币方便，且纸币印制不算特别复杂，这就给伪造纸币提供了可乘之机。也就是说，中国从全世界最早使用纸币的国家，也转成了最早受伪币危害的国家，这是纸币带来弊的一面。有史为证：在朱熹的文集中曾有指控唐仲友伙同蒋辉伪造纸币的记录。它表明纸币制造技术已流传民间。

本来，有"交子""钱引"之称的纸币，私人票房可以发行，后由北宋政府统一印制发行，采用特种

至元通行宝钞

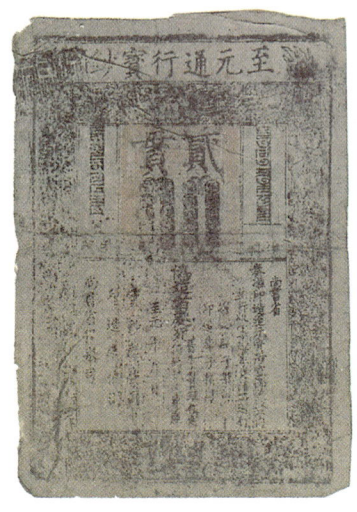
至元通行宝钞

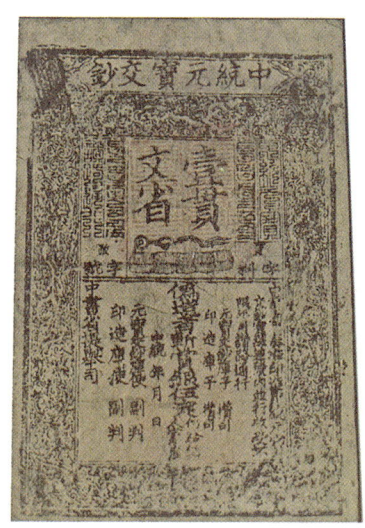
中统元宝交钞

纸张，图案设计复杂，如纸币的"背印"就印有王祥孝感、跃鲤雀飞、诸葛武侯、木牛流马。唐太宗时外户不闭、斗米三钱等，镌以彩色印章，间错以朱、墨、蓝三色，使纸币不亚于艺术品。

但即使如此仍阻挡不住伪造者的步伐，唐仲友同伙蒋辉就是雕版刻字工匠出身，他不仅可以绘人物图样于纸币，还可用土朱、靛青、棕墨伪造朱、墨、蓝间错的三色，几近后世的套印技术，看上去天衣无缝。而且蒋辉用梨木在十天之内仿刻母版，用梧州特制的纸张印制纸币，在淳熙十年（1183）6个月内，共印制了20次，每张一千文，每次100至200张，共计2600张。其时间密度之紧，印制次数之繁，面值数额之大，折射出了民间印制纸币的能力之强。

正是由此，淳熙十六年（1189年）正月五日，有大臣专就"伪币日甚"上书皇帝，建议必须下伪造纸币的禁令，若有犯者，必行重判，捕获造纸币者予以重赏……这些措施经皇帝批准得以施行，但并未遏制住伪币滥行的势头。其主要原因是发行纸币已成为南宋弥补财政亏空的一个主要手段，仅从开禧（1205年）至宝祐（1258年）年间，南宋政府发行纸币已接近十亿贯的数量。其中鱼龙混杂，伪币怎能禁止得住？

元人看到了这一点，决心吸取宋代治伪钞不严的经验教训。于1242年至1292年，颁行了叶李拟定的《至元宝钞通行条划》，这是中国也是世界上最早最完备的币制条例，这一条例至为周详，其中明确提出了对"伪造通行宝钞者"处以"处死"的极刑。虽然宋代在"大壹贯文"的纸币上已印上"防伪造"的字样，而元代在"至元通行宝钞"上则印有"伪造者处死"的大字，"中统元宝交钞壹贯现钞"上印上"伪造者斩赏银伍定"，赏罚十分分明，这显然比宋代大大前进了一步。

《通制条格》的一则《赏令·获伪钞贼》的法律杂文告诉我们：大德七年十月，杭州等地有八十八起、二百七十四人造伪钞，如此密集，人员众多，伪钞之害可见一斑。但元政府制裁手段也很果断严厉：凡是捕获伪造纸币者，追搜板印到官，招责明白，使处以"典刑"。可是元代伪钞制造却始终得不到有效的控制，原因有多方面，其中一个重要原因是据《马可波罗行纪》所说：

由于制纸币的原料是介于桑树粗皮和木质间的一层极薄的白细皮，获取工艺并不复杂，而且桑树特别多，"诸地皆满"，这就为民间制造纸币提供了方便的物质条件。还有的是收到的纸币因使用久了出现破损，可以拿到造币厂，只需支付百分之三的费用，就可换出新币。这就更使制伪钞者大有"用武"之地了。于是各种造伪钞法层出不穷，有诸钞库官倒换"昏钞"，诸白纸坊典守官，私受桑楮皮折价的，父子、夫妻、奴婢以伪作，知情买使，比比皆是。雕版抄纸，收买颜料，书填字号，窝藏印造，挑剜拼凑，史不绝书。

尽管元政府一再在刑法条例中加重对制伪钞者的处罚，还对捕获伪造纸币者，采取了虽已身故，但其应得赏钱，仍给其亲属等优赏做法，可是贪奢的剥削阶级的属性，不可能从根本上解决纸币为患的境况，反而使制伪钞形势愈演愈烈，以致许多人"开店铺私立纸票"，久而久之，便到了纸币作伪难以胜数的地步，撮其主要有："观音钞、画钞、折腰钞、波钞、熬不烂"等。

所谓"观音钞"，是描不成，画不就，如观音美貌的。"画钞"，像画一样。"折腰钞"，折半用的。"波钞"，俗言急走，寓意不乐受就走去。"熬不烂"，是将纸钞比喻为碎絮筋渣即无用之意。至于

"钞买钞，何曾见？"，则道出了多么深痛而又无可奈何的悲愤！

如果说地域辽阔，声威赫赫的元帝国是被狂风骤雨般的农民大起义队伍所埋葬的话，那只说对了一半，或者说那只是外因，而内因却是这个曾被马可波罗称为当时世界上"取得了通用货币的充分权威和信用"的纸钞的泛滥成灾，其中制伪钞者力量之大，是足以使今天的我们引以为戒的。

元代大都的杂技

由于元代历史的短暂,所以,元代的史料较之其他朝代的史料显得稀少。但是,由于元代是中国历史上处于最为开放的时期。许多外国友人来华,并留下了他们对当时这个世界上最发达国家的一些观察的文字。其中,高丽国的《朴通事谚解》就是突出的一例。这是一部历史价值极高的社会文化史著作。尤其是它们展示的杂技活动,无疑是中国,也是世界杂技史不可多得的珍贵资料。

在本卷上,介绍了大都人民七月立秋时节"放空中",朴通事所说的"放空中"就是今天杂技演出的"空竹"。当时"空竹"制作是这样的:"用檀木旋圆,内用刀剜空,以绳曳之,在地转动有声"。顽皮的儿童,则"将葫芦用木钉串之,傍作一眼,以绳系扯,旋转有声,亦谓之空中"。而当时"放空中",似与节令气候很有关系,书中说道:"七月立了秋,祭了社神,正是放空中的时节。"

明代北京的杂技中,仍然有"放空中"。刘侗、于奕正《帝京景物略》卷二《东岳庙》曾记:"空钟者,刳木中空,旁口,荡以沥青,卓地如仰钟,而柄其上之平,别一绳绕其柄,别一竹尺,有孔度其绳,而抵格空钟,绳勒右却,竹勒左却。一勒,空钟轰而疾转,大者声钟,小亦蚰蜒飞声,一钟声歇时乃已,制经寸至八九寸,其放之,一人至三人"。可以把这段文字看作是《朴通事谚解》中"放空中"的更为细致的说明。同时也使我们了解到,一种技艺的流行,是带有明显的地域性的。倘无元代北京"放空中"的基础,明代北京"放空钟"绝不会这样成熟。

朴通事又介绍了"九月里打拍",这种技艺是"杭州小儿之戏也"。"打拍"时,双方各持一块长三四寸的小圆木,"彼此相击,出限者为输"。这有点像元代以前"击壤"技艺之风,而《帝京景物略》记录明代北京的儿童则是"以木二寸,制如枣核,置地而棒之,一击会起,随一击令远,以近为负,曰打柭柭",这与元代北京儿童"打拍"有相近之处,莫非是元代给予明代之影响?还有"十月里骑竹马,一冬里踢毽子"。这些技艺是群众的自娱活动,和在"勾栏"中以营利为目的的杂技演出是不同的。

《朴通事谚解》卷中第一句话就是:"勾栏里看杂技去"。这表明,元代杂技多在固定的场所里演出。朴通事集中笔墨描画了一位在勾栏里表演"踢弄"的技艺家,只见他:"脱下衣裳,赤条条的仰白着卧"在"一个高桌儿上",双脚向上,将"一托来长短,亭柱来粗细,油红画金棒子",放置在脚心上、脚背上、脚趾上旋转,"吊下来,踢上去",使观众"弄的只是眼花了"。

于此可知元代大都的"踢弄"技术水平是很高超的。这也是由于大都是当时世界上最大的一个国际文化贸易中心的缘故,各种技艺交流不断,(据《通制条格》载)甚至在大都的午门之外"人烟辏集

清代焦秉贞《踢毽图》

处",卖假药者都以调弄蛇禽傀儡、藏挴等杂技表演为掩护。足见杂技之普及,水平之高。而形形色色杂技艺人纷至沓来,倘无一定实力,是不能在"勾栏"中出演的。

而且,这样的"踢弄"艺人还要在重大节日里承担为皇家演出的任务,如叶子奇《草木子》记:"元代郊天大驾时",踢弄等技艺便在"驾前承应"。有鉴于此,"踢弄"艺人自然不敢怠慢练功,经常使自己的"踢弄"保持在"弄的只是眼花了"的高水平上,以求在众多的技艺中占有一席之地。

史实上,许多高超的伎艺是来自宫廷的,像元代延祐年间吴莱所写的《椀珠伎》,便是发展了"杂旋""踢弄"之类的杂技艺术而成的,请看其诗的描述:

> 椀珠闻自宫掖来,长竿宝椀手中回。
> 日光正高竿影直,风力旋空珠势侧。
> 当时想象鼻生葱,宛转向额栽芙蓉。
> 筋头交筋忽神骇,矛叶舞矛忧技穷。

在"勾栏"中演出的还有"驯鸟",叫"弄宝盖的"。所谓"宝盖",就是:"凡优人以造化鸟为戏时,一人擎一彩帛葆盖,先入优场告戏雀之"。然后"有一人捧一雀,以入作戏"。一般"驯鸟"用雄、雌一对,雄属铜嘴,雌为蜡嘴。它们表演时戴有"鬼脸儿"面具,在"勾栏"内飞舞盘旋。它的主人拿着各种颜色的小旗,让那铜嘴鸟衔那一个颜色的旗来,那铜嘴鸟"便嘴里衔将来,与它那主儿"。

从这"驯鸟"的表演中,我们仿佛又见到了南宋《繁胜录》所记的"蜡嘴舞斋郎"等一些戴面具的鸟儿做各式表演的景象。看

此中國打蛋雀之圖也有鳥名灰色是梧桐
黃色是蠟嘴又名蠟嘴粉紅能教打蛋用骨
做成子如往上擲二三丈高其鳥用嘴接住
有連打三個者其好也

打蛋雀图

来，元代大都的"驯鸟"较好地发扬了南宋"驯鸟"的优良传统，并发扬光大。一位意大利旅行家鄂多拉克曾在自己所作的《游记》中记述到元代"驯鸟"艺人的水平。展现在他眼前的是："宫殿中尚有很多金孔雀，当鞑靼人想使他们的君主高兴时，他们就一个接一个地拍手，孔雀随之振翅，状若舞蹈"。还有伶人"让狮子向君王致敬礼"。他感慨道："这些鸟兽驯得这样好"，必定系由魔法驱动，或在地下有机关。他又记到皇宫仅看管猎犬和野兽禽鸟者就有十五人之多。可见，在元代皇宫中有许多伎艺人是专门从事驯野兽禽鸟的，这确是客观存在的。

因为《马可波罗行纪》第六十章中曾记到元皇帝在一城市附近和山谷中，专门种植粟和其他谷物，专供飞到这里游息的鹧鸪等飞鸟，以使它们能够繁衍不息。这地方又设置了一些看守人，负责看管猎物，使它们免遭盗窃和毁灭。冬令季节，这些看守人又兼做喂鸟人，把粟子散布给鸟类吃。这些飞禽习惯了这种饲养方法，当谷物撒在地上，只要喂鸟人哨子一响，这些鸟雀从四面八方立即飞来取食。大汗又命令建筑一些精舍，专供这些鸟雀夜间的栖息之所。由于这样精心饲养的结果，每当大汗巡游乡间，他就能享受到禽鸟的极大乐趣。甚至在冬季，天气严寒，大汗不住这里，也有骆驼把各种鸟雀运到他居停的地方，供他享受。

这样的饲养，为元代的驯鸟的伎艺提供了雄厚的基础。应该说，这样的饲养、训练飞禽的方法，和元大都勾栏中的飞鸟的表演也有着某种必然的联系。

朴通事还记到，元代大都勾栏里，"诸般把戏"都有。这是符合元代大都杂技实际情况的。这在元代诗人的笔下得到了生动的展示。如胡祗遹《紫山大全集》有《小儿爬竿》诗：

元代赶路的伎艺人与动物演员像

> 休凭口舌慢矜夸，看取当场戏险家。
> 剑鞘高竿斜复正，喧声百万动京华。
>
> 险艺呈末已数回，弄人鼓笛莫相催。
> 当筵一博天颜喜，百尺竿头稳下来。

另一诗人李庭亦对爬竿描写道：

> 鼓笛喧嗔四面催，飞猱健捷几千回。
> 平生伎艺都呈尽，百尺竿头稳下来。

在《紫山大全集》中，还有胡祗遹对元大都的"相扑"的歌咏：

> 满前丝竹厌繁浓，勾引耽耽角抵雄。
> 毒手老拳毋借让，助欢鼓勇与无穷。
>
> 臂缠红绵乡裆襦，虎搏龙拿战两夫。
> 自古都人元尚气，摩肩累迹隘康衢。

诗人用笔勾勒出了一幅《大都杂技图》，令人神往。

朴通事还描写了看杂技的人，一入门一个人要收"五个钱"。如果在勾栏中还要看一种技艺，还要另掏一份钱。这反映了当时元大都的人民看"杂技"是很踊跃的，否则不会出现这样的"收费标准"。朴通事所记的看杂技者由于没有了零钱，只看了"踢弄"和"驯鸟"两项。不过，从一片落叶可以知道秋天的来临，据此，我们仍可窥见元代大都杂技出神入化的风貌。

打 春

日本学者提出了宋代是中国近世的开端,是有道理的。所谓近世,即中国的政治、经济和社会组织、文化艺术生活的水平,在宋代有着根本性的变化并基本定型,一直延续至今也无大的变化。语言方面偶拾便可窥见这一演变的过程,如最为常见的"立春"和"打春"。

众所周知,"立春"为二十四节气之一,冬至后四十六天立春,大寒十五天立春,气温明显回升。宋以前的典籍,均以"立春"记载于世。从"立春"转变为"打春",应从唐宋始,尤以宋为盛。其源是根据《礼记》的"出土牛"以示农耕之意。将此意寓于打土牛之中,即立春早晨,多由官府举行用彩杖"以鞭春牛"的仪式,也就是如《东京梦华录》所记的"府僚打春"。

从"立"到"打",虽一字之易,却预示着由王谢向寻常,欧阳修《归田录》辨其源流道:"打"义本是"考击",人相殴以物相击,皆谓之打。名儒硕

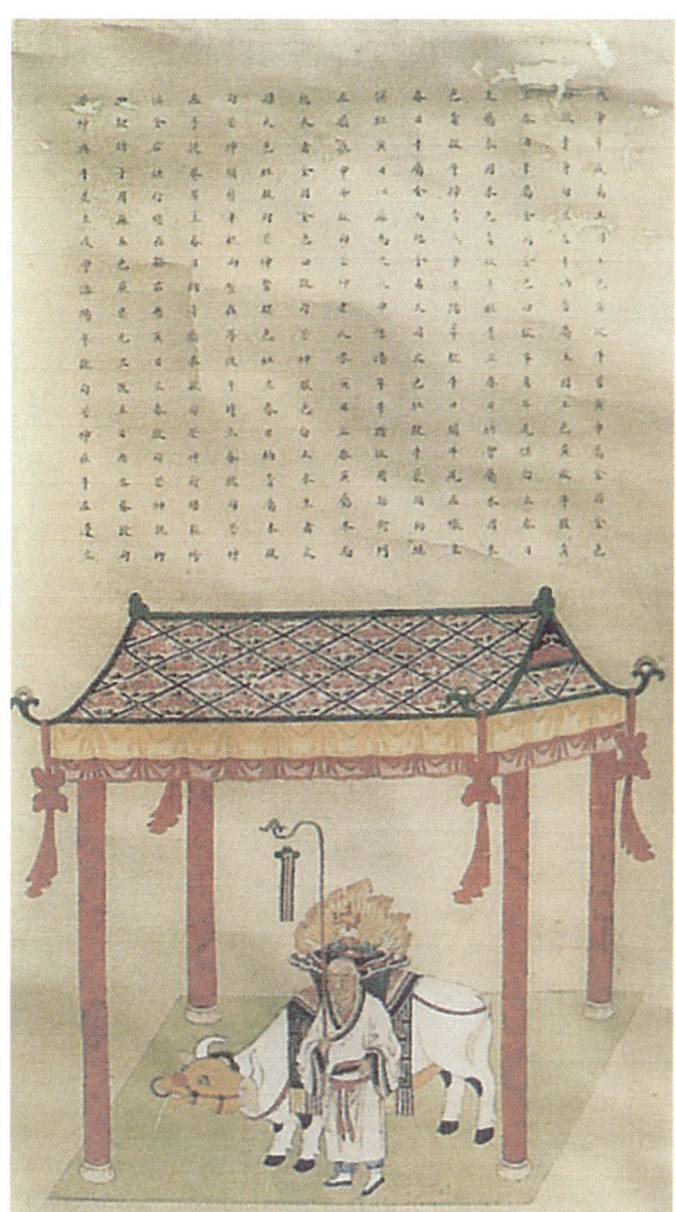

春牛图

叠胜

学,也这样说。从字学出发,打字从手,从丁,丁为击物之声。用刘昌诗《芦浦笔记》话来说:

丁就是用手做事。欧阳修、刘昌诗就"打"总结出许多:造舟车叫打船、打车,网鱼叫打鱼,汲水叫打水,饷饭叫打饭,给衣粮叫打衣粮,从者执伞叫打伞,糊黏纸叫打黏,丈尺量地叫打量,举手试眼叫打试,印文书叫打印,装饰叫打扮,请酒醋叫打醋打酒,席地睡叫打铺,收拾叫打叠,行路叫打火,又有打喷嚏,打闹,打斗,打过,打了,打饼……则俯拾即是。

从欧阳修到刘昌诗可见从北宋到南宋,"打"变化越来越广泛,无论典雅的诗词还是通俗的话本,"打"已络绎涌来:《张协状元》:打瓦。《拗相公》:途中吃午饭,该打中火了。《简帖和尚》:留苦行在此间打化香油钱。陆游《傲装》:聊为旦过打仓僧。《计押番金鳗产祸》:周三那厮打出吊人。范成大《腊月村田乐府》:粪扫堆头打如愿。《朱子全书》:打成一片耳。叶绍翁《四朝闻见录》:众人打合。杨万里《不寐》:落月一窗鹅打更。司马光《涑水纪闻》:余利追入官谓之打抹。董解元《西厢记诸宫调》:打拍不知个高下。《汪信之一死救全家》:打并得五十两银子分送与二人。《冯玉梅团圆》:一曲新腔唱打油。《五代史平话·梁史》:打官司,不如落草闪避。苏轼《陈香常所蓄〈朱陈村嫁娶图〉诗》:县吏催租夜打门。《水浒传》第三回:打拴一个包裹。李清照《打马赋》:打马爱兴。《快嘴李翠莲》:若是婆婆打杀我。黄庭坚《鼓笛令》:酒阑命友闲为戏,打揭儿。孔平仲《孔氏谈苑》:掳人打围无所获。《新桥市韩五卖春情》:打熬不过,饭也不吃……

看到这些"打",就不难理解"立春"何以在宋代演变为"打春"了。但怎样"打春",描摹似少,稗史偶有"土牛"为人"分裂"的记录,吕陶《欢打春牛和韵》亦可印证:"但得碎身资稼事。"这表明"打春牛"要将土牛打碎,然而如何"打"法就无从得知了。礼失求诸野,我们却可以从中国元代同时的高丽国的典籍《朴通事谚解》中找到"打春"的形象资料:

"打春牛"先要塑土牛,塑土牛专有一无壁只有屋架的"牛厂",土牛要塑的像真牛一般大,头、角、尾、肚、耳、蹄,所装点的颜色,为青色、红色、黑色、白色,塑出来的土牛形象是:"一托来长的两个犄角,当间里按一个木头做的明珠,簸箕来大的一对耳朵,十尺来长尾子。"打土牛的"勾芒神"的形象是一小童子,手里拿着一条长二尺四寸,标示着二十四节气的柳枝线鞭,鞭梢五彩色蘸染,上有分别用麻、苎、丝做成的结子,以表示立春、仲日、季日。"勾芒神"站立牛前作打牛状。

但这种"打春牛",在元大都(今北京)祭祀意味已减弱,如宋人刘敞《土牛行》所说"世人资尔聊为戏"的意味却浓烈起来:在用四条橼子粗的绳索拖牵的放置土牛的大车前,乐鸣鼓喧,一伎艺人身穿黄袍,腰系白玉带,头戴幞头,脚穿朝云靴,手拿线鞭,骑座鞍白马,饰成二郎神模样。他前面一化装冥卒,擎着一面三丈来高,上写"明现真君"字样的大旗开路。到了鼓楼前面。

这队不亚于伎艺表演的人马朝东放下土牛,在地上放一堆灰,然后官吏们烧香等候地气正旺时,待那灰忽然飞扬起来,人们便成帮结伙,厮打着去争那土牛犄角间的明珠。哪伙最强,哪伙就能在争斗中把明珠撮下。接着,获得明珠的一伙便跑到饭店、酒肆,绕着走,打的打,闹的闹……

"打春"将世俗生活演变为一场游戏,这是文明的提升,这亦是近世文明开端于宋代的一个有力而生动的证明。

明清宫词与宫俗

宫词，据云起于后蜀花蕊夫人，多写宫廷翠阁红楼，风花雪月，词格精巧工丽，富艳典雅。唐王建则作宫词一百余首，叙唐宫中事，皆史传小说所不载。由此，宫词在诗歌的苑囿中开始占有一席之地。如朱彝尊所言："王建而下，词人之赋，也可以观。"至宋、元，从事宫词写作和对之感兴趣者较之以前渐多，甚至丞相王珪、张昱等大手笔也纷纷加入了宫词的行列，其所作宫词亦得到"意义之微婉，辞藻之清研"的评价，可为宋、元诗中一时之盛。

进入明清，宫词的品味越发受到重视，蒋之翘在《天启宫词一百三十六首》之前写道："杨铁崖称宫词为诗家大香奁，仆谓此皇家大竹枝也。"这就给宫词以定位。而"道细事而不涉于俚，作艳词而不伤于巧。"则分析了宫词的文学艺术特征，堪称公允。至清，魏程搏进一步认为："曲陈其事丽婉言之，亦不尽赋体也。此词为雅健，视曲为谨严，非具拿雅之才而怀绮丽之思者，则不能为。"这就指示出宫词的写作非想象的命题应制那样容易,所以我们也就不难理解明沈鲸《双珠记·纩衣得诗》亦曾这样说道:"宫词写诉,喜得才情俱可。是谁家毓秀欢有这般丽娥!"因而才有了孔尚任《池园春·小吟蝉琵琶》词所吟咏的:"叹匙头半损,难传塞曲;轴弦熏上,怕谱宫词。"

由于参与宫词写作者均为当朝名士或宰相重臣,尽管宫词不乏应制之作,但宫词所具有的造词华美,造句典雅,描景生动等文学成就是不容忽视的。特别是宫词所具有的记录宫俗的功用,可推宫词最高成就。众所周知,所谓宫俗,则包含了宫廷生活的方方面面:典礼、仪式、制度、信仰、祭礼、习俗、建筑、饮食、游乐等,可以说宫词最为重要一点则是对宫中习俗忠实地进行了记录,可谓宫中日常生活"录相",因而也就形成了其他文学样式所不能够替代的特殊作用。正像朱权说过的:"大概宫词之作,出于帝王、宫女之口吻,务在亲睹其事,则叙事得其真矣。"这重要的一点是"正史"不具备的,从而也使宫词在文学与历史的长廊中开拓出一扇独特的窥望窗牖。

正是这一点使我们在明清宫词中看到了过往宫俗的影像。如"镂玉堆槃菜甲鲜,咬春遗制至今传。"明清两代皆然。像佚名者《前清宫词》中的"翻嫌鹦鹉能饶舌,乞取金钱买百灵"。使我们仿佛看到宋宣和宫俗中的"却散鹦鹉念新诗"的重演。而"两行引赞交迎跪,撒果争闻唱得多。"则透露出撒帐果即唐宋撒帐钱遗制,世俗合卺至明清仍然"有此",只不过是明《天启宫词》所记录的"撒帐果"宫俗比之唐宋是"宫人撒之,盛于帝后衣裾,云:'得子多也。'"至于明代的:"飞凤三花逐电流,例适蹣柳拜前旒。八铢穿得都班赏,夺取头标胜一筹。"这等隆重的勇士跑马射柳宫俗,

《明宪宗元宵行乐图》局部

清宫廷画家张恺、屈兆麟、王继明、张启明《普庆升平图·秧歌》

不过是金、元蹴柳的再传……

世代累积的习俗,成为明清宫俗的主要源流。明清宫俗又容纳各民族的部分习俗才渐成为一庞大多姿独立的体系。如清宫词所示:"蝉噪宫槐日未斜,液池风静白荷花。满堆冰果难消暑,敕进金盘哈密瓜。"这是清宫中常吃的冰果,是以杂果置盘中,浸以冰块,为清宫夏日宴饮必备,其食俗盖循满俗。而"冰果"中的哈密瓜,则以小黄瓤,味最甘,尤胜三白而著名,系新疆维吾尔族所贡方物,而堪称清宫消暑佳品。于此可见明清宫俗亦有相当多的向民间习俗汲取并得以流传。

像"富春饰面",收紫茉莉实,捣取其仁,蒸熟了用,唤作"珍珠粉"。秋天,玉簪花发蕊,剪去其蒂,如小瓶。实以民间所用胡粉,蒸熟用,谓之玉簪粉。至立春,仍用珍珠粉。因珍珠遇西风易燥,而玉簪过冬无香。此方乃张后从民间传入的。秦徵兰《天启宫词一百首》中就记录了这段史实:"泻尽琼浆藕叶中,主腰梳洗日轮红。玉簪香粉蒸初熟,藏却珍珠待煖风。"

又以最为百姓喜闻乐见的"空中"而言,即"空钟"。明《帝京景物略》就详细记叙了其制法和玩法,并征引明代北京"杨柳儿青,放空钟"的俗谚,以说明当时百姓对"空中"的喜爱。清《燕京杂记》亦证:"京师儿童有抖空竹之戏,截竹为二,短筒中作小干,连而不断,实其两头,窍其中间,以绳绕其小干,引两端而搂抖之,声如洪钟,甚为可听。"正因如此好玩,以至"空中"名家辈出。

像天桥的麻瑞子,能将"空中"抖至五六丈高,背面能接。尤为光绪年间天桥的德子,可以把"空中"舞得好像黏在身上似的。王雨田则将"空中"练得有王瓜架、猴爬竿、跳梁、回头望月、枯树盘根、反插腿、正插腿、倒爬绳等数十套路。宫中就是将这般精彩"空中"学来，游戏一番。清代"京师新年，王孙贵姬擅长者皆为之，宫中妃嫔亦多好焉。舞式有鹞子翻身，飞燕入云，响鸽铃等节目，颇饰观"。正如《前清宫词》所道："妃子自矜身手好，亲来阶下抖空中。"这一诗句道出了清宫花样百出的"空中"之戏与民间高超的"空中"绝技有着渊源关系。

明清宫俗更多的是向民间习俗学习而有变化，后又回传给民间以至民间也都模仿这一宫俗的。如器物游艺方面：清孝全皇后幼年时，曾随宦至苏州。她仿照民俗所谓"乞巧板"，斲木片若干方，排成如吴士鉴《七巧板》宫词所记"六合同春"字，成为宫中新年的玩具。到了咸丰初年，在宫外就有仿其遗制的了。故有宫词云："妙技翻新有秘传，兰闺韵事未笄年。同春演出升平象，自小聪明是孝全。"

这一事例表明清宫俗与明清民俗是互相影响互相渗透的，以至这种影响和渗透是难以区分彼此。即以一年四季的饮食为例，宫内食俗与民间食俗基本是如出一辙。以明清的《宛署杂记》《帝京岁时纪胜》诸典籍综合来看：

正月，均割鸡、豚，炊面饼杂以生菜、青韭、羊角葱，兼生食水红萝卜，名曰"咬春"。

二月，以红米为糕，上印金乌圆光，用以祀日，绕街遍巷，叫而卖之，曰"太阳鸡糕"。赤根菜同虾米用面包合，烙而食之。

三月，香椿芽拌面筋，嫩柳叶拌豆腐。

四月，吃白煮猪肉，以应"冬不白煮，夏不熬"俗语。

五月，粽子。果品则红樱桃、黑桑椹、八达杏等。午前细切蒲根，伴雄黄，曝而浸酒，以饮。

清宫廷画家张恺、屈兆麟、王继明、张启明《普庆升平图·杠箱》

六月，吃过水面，即《长安客话》所记"冷淘"，喝酸梅汤。

七月，尝鲜。鸭梨、大蜜桃、虎拉槟的闻香果（苹果）、甜葡萄、脆枣儿、山里红、玉米。

八月，月饼、西瓜、吃蟹。宫娥细细用指甲挑剔蒸蟹，肉尽，以胸骨八路完整，或列为花，或缀为蝶，以示巧。《天启宫词》曾美其名曰："纤玉剥残双郭索，落花舞蝶唾生香。"

九月，花糕。以民间为优。所以才有《前清宫词》云："内制却嫌酥太腻，翻教宫监市花糕。"饮菊花酒。

十月，吃羊肉。爆炒羊肚。时令食品：栗子、白薯。

十一月，吃"冬至馄饨"。饮浑酒御寒。

十二月，吃"腊八粥"。

时令饮食习俗，是民间和宫廷共同具有的，不同的是宫廷食俗较之民间食俗则更显示出一种尊贵的气派。如同为正月饮食，宫中就荟萃了各地的"珍味"，明《酌中志》可见一斑：塞外黄鼠、半翅鹖鸡、江南蜜罗柑、凤尾橘、漳州橘、橄榄、小金橘、凤菱、脆藕。西山蘋果、软子之榴、水下活虾，素蔬则滇南鸡、五台天花羊肚菜、东海百花海白菜、紫菜、江南鸟笋、辽东松子、蓟北黄花、都中山药、南都苔菜、武当黄精、黑精、绍兴芥菜……如此等等，不可胜数。

明清宫俗与明清民俗较大差异就在于此：贵贱分明。就如明北京正月二十五日吃酒，名曰"填仓"，贵贱皆然。而皇帝的"填仓"则用炙蛤、鲜虾、燕菜、鲨翅诸海味十余种，共烩一处食之。这显然是普通百姓甚至贵宦之家也筹集不起的。正像《天启宫词一百三十六首》所谓："海镜江瑶百宝并，黄纱笼盖尚侯鲭。后宫私做填仓会，骨董家常也学烹。"

推而及之其他习俗亦是如此，如同是岁暮民间用炭塑将军、钟馗等像，用其却邪，以警鬼魅："炭将军"像均不太高，可明清宫中的"炭将军"则是"高约丈余，衣以罗绮，佩以弓矢戈矛，须髯戟张，望之如生，所费百倍于前"。而且据明《天启宫词》道"炭将军"像，竟用傀儡做法，手眼俱动，以至宫词云："征袍如火须如戟，小胆宫娃不敢看。"

显然，这种宫俗是民俗无法相比的。更为独特的是宫中皇帝的日常起居，衣食住行乃至游玩，则更是独一无二的，而这一点正是明清宫俗构成的最重要的元素。即以明熹宗朱由校的"水戏"为例，秦徵兰《天启宫词一百首》中有："御前呼笑不胜喧，为看君王弄水盏。瀑布喷残飞雪霁，玉竿高处涌金丸。"检核刘若愚《酌中志》，可知朱由校"极好作水戏。用大木桶、大铜缸之类，凿孔创机，启闭灌输，或涌泻如喷珠，或潺流如瀑布。或使伏机于下，借水力冲拥圆木球如核桃大者，于水涌之，大小盘旋宛转，随高随下，久而不堕，视为戏笑，皆出人意表。"

最为叫绝的是朱由校制造的"水傀儡"，用轻木雕成海外四夷蛮王及仙圣、将军、士卒之像，男女不一，约高二尺余，止有臀以上，无腿足，五色油漆彩画如生。每人之下，平底安一榫卯，用三寸长竹板承之。用长丈余，阔数尺，深二尺余方木池一个，锡镶不漏，添水七分满，下用凳支起，又用纱围屏隔之，经手动机之人，皆在围屏之内，自屏下游移动转。水内用活鱼、虾、蟹、螺、蛙、鳅、鳝、萍、藻之类浮水上。表演时，鼓司官在围屏之南，将节次人物各以竹片托浮水上，游斗玩耍，鼓乐喧哄。或英国公三败黎王故事，或孔明七擒七纵，或三宝太监下西洋，八仙过海，孙行者大闹龙宫之类……至清代，梁章钜《称谓录》则记这种宫中"水戏"

清民间《旧京社戏图》杠箱部分

清民间《旧京社戏图》秧歌部分

仍表演不辍。这证实这种自宋代宫中即盛行的"水傀儡",繁衍不绝,历经明清而不衰,已成一种特殊的宫中习俗了。

"水傀儡"的演变,标示着明清宫俗并非一成不变,而是与时俱进,亦不断演变。明清宫俗作为较高的一种习俗,最易接受一些新鲜的,特别是外来习俗的影响。如在明清宫俗中,有一种现象应予以充分注意和肯定的是,宫俗中吸收了当时不少先进国家,主要是西方世界的习俗的影响,这在宫词中有所体现。

"龙团凤饼斗芳菲,底事春茶进御稀。才罢经筵纾宿食,机炉小火煮咖啡。"这首宫词反映出了清代高层统治者对咖啡的认识:性芳温,健脾行气,分消食积,西方人经常在膳后饮用。因此,清宫积极"引进",像光绪皇帝痰多,便在宫中常饮咖啡。又如"迩来佳酿进西欧,品第醇浓酒库收"的诗句,其因是清宫饮宴,亦多重洋酒,其中以气香烈的香槟最佳,足见饮咖啡、香槟酒已融入了宫俗之中。

其时欧风美雨,已大面积地漫入清宫,何止饮料!如"内宫走马开金钥,万盏齐明电气灯。"所说就是整个颐和园重修之后一律都用上了电气灯。而宫中最为常用的报时之器,也都用上了西洋闹钟。"梦觉每疑犹作乐,八音新式闹时钟。"又如清宫中先多市"八音琴",以为玩具,自留声机出,竞饰新奇,争购置买,而八音琴声渺然。真是:"新制留声机匣妙,花前不按八音琴。"原本宫中首饰不外金珠,自欧风东渐,钻石大盛,大者价值万金,而传统的珠玉已不足贵了。因此《前清宫词》无可奈何吟道:"舶来钻石连城璧,贱却金梁耀月钗。"

透过这些明清宫词,我们可以体会到明清宫俗吮收西方习俗的脉搏,倘若再将此与其他的明清宫词加以勾连,就可形成一部比较完整的明清宫俗的历史长卷，它使我们看到相当真实的帝王后妃的日常生活，他们的喜好、服饰、娱乐、伎艺、祭礼、出行、节庆、婚育……远比明清官方诗文、正史典章给予的要多得多，虽然是片片断断的光影，但却非比寻常的典雅，我们的视野因此而更加开阔起来生动起来。这应归于宫词精细的刻画，当然也是依赖于丰富的宫俗，确切地说，宫词因宫俗而繁荣，宫俗因宫词而传扬，从而使我们浸染于明清宫词、宫俗的文学的历史的清泉中而陶醉……

快行家

体育源于运动,这是对的;但也有的体育运动,首先源于机制的需要而后才演变的,这也是对的。为证实此点可从宋代谈起,如"快行"。据《夷坚志》记皇帝赐人金带,让"快行卒"去送达。这也就意味着"快行卒"只不过是充当传送皇帝赏赐物品之职的,是劳役的角色。倘无矫健的足力、充沛的体能是难以胜任的。

但"快行"毕竟随侍皇帝,所送皇帝赐物有代表皇恩的色彩,所接触者多为官员,故又冠之"家"称,以示尊贵;同时也表示了"快行"已成为一个专门的行业。如《东京梦华录》述元宵夜,"快行家"执红纱珠络灯笼,列为皇帝的扈从之列,随时听候差遣。

"快行家"可谓一身二任,这就如《水浒传》中的"江州两院押牢节级院长"戴宗,算是低级官吏,同时也是一位"快行家"。《水浒传》专有一首《西江月》说戴宗走起路来"如飞两脚荡红尘,越岭登山去紧",并说他"一日能行五百里"。这虽为小说家言,但绝非危言耸听。宋《梁谿漫志》曾记高邮民尉九,疾足善行日走可数百里,以至于不碰树不能停止。明代徐复祚《花当阁丛谈》曾记有一张成,徐州人,短小精悍,善走,日可行五百里,如缓步走与平常人相同,张成一旦走起就不能自止,只有负墙抱树才能止住。所以凡急件均由张成送达,据人言:有符咒,两腿拴上甲马,张成每天可行三四百里。但他的符咒用书被窃,就不能走那么快了。

如果用张成衡量戴宗,戴宗也是把甲马拴在腿上行得飞快,可见他们之间的互相影响,看来《水浒传》创作有相当多的故事是取自民间,是确有其人其事的。那么,"快行"究竟是个什么模样?这可由小说与历史互证寻求答案。《水浒传》中的戴宗"快行"时,"换了腿绷护膝,八搭麻鞋,穿上杏黄衫,整了搭膊,腰里插了宝牌,换了巾帻,便袋里藏了书信、盘缠,挑上两个信笼"——即小笼筐。如果将这装束描写与《武经总要》所提供的手举"信牌"的"快行图"联系起来看,这就是一幅宋代"快行"的标准像。

元代则全盘继承了宋代"快行"的传统,只不过称呼从"快行"变为"贵由赤"。《汉语大词典》将"贵由赤"直释为蒙语的赛跑,这是不完全的。笔者研究诸家之说,认为阮葵生《茶余客话》:元代呼快行役为"贵",是准确的。"由"则少见其释,但据《村里迓古》套曲所说"由古自抖搜着精神","由"可释为"还是"之意。"赤"在蒙语中多为皇帝身边养鹰、戏剧、音乐等近侍称呼,如虎儿赤、卜儿赤、博儿赤、迷胡赤等。据《元史》"赤"亦可直释为"驿"。三者联系看,"贵由赤"即是担任着急速传递公文情报之责的侍卫。

但与宋代有所不同的是元代对"贵由赤"则增加了十分严格

元代山西稷山县青龙寺西壁画"年直使者"像:快行者已化成仙与诸神并列供人瞻仰

的考核内容,据《山居新话》:每年举行一次比试"贵由赤"脚力的竞赛。其场面是:待参加比赛的"贵由赤"在一根拦定的绳子后面齐齐站定,将拦绳放开便开始了比赛。"贵由赤"的路线有两条,一条是从大都(北京城内)河西务起至内中,另一条是从上都(滦河之畔)自泥河儿起至内中,一般经过三个时辰,"贵由赤"行一百八十里,直至皇帝御座前称万岁礼拜而止。头名"贵由赤"可获一锭赏银,第二名得四匹缎子,第三名得两匹缎子,其余参赛的"贵由赤"各得一匹缎子。

元代对"快行"的考核已制度化,由皇帝亲自主持,足见政府对"快行"的重视程度。而且这种考试脚力的比赛已不限于机制之内,比如杨允孚《滦京杂咏》专有一首为"贵由赤"比赛所作的诗:

> 九奏钧天乐渐收,
> 五云楼阁翠如流。
> 宫中又放滦河走,
> 相国家奴第一筹。

通过这首诗,我们知道"贵由赤"比赛距离是从京城到滦河,黎明开始中午结束,参加者竟有宰相的家奴,且成绩为第一名。张昱《辇下曲》还可证明:

> 放教贵赤一齐行,
> 平地风生有翅身。
> 未解刻期争拜下,
> 御前成筲赏金银。

两首专为"贵由赤"创作的元诗可看出"快行"已超出递送公文情报的范围，作为一种体育活动，参加者是十分广泛的。

由于"快行"所具有的锻炼身体的因素，所以"快行"入明以来有了一些更广泛的社会意义上的变化。如明代北京元夕之夜妇女的"走百病"，在某种程度上可以说是"快行"的繁衍。其样式就是快步行走，明代周用《走百病诗》曾用"踏穿街头双绣履"来形容这种走步的艰辛，速度之快，"百病尽归尘土中"的诗句，表明了"快行"所蕴含的强身健体的作用日益被大众特别是妇女所认识。

有史料证明，"快行"至清代仍然继续着，虽然它的影响作用在汉族居住区减退，可喜的是在少数民族地区，"快行"之风仍然盛行。《番社俗风图考》述说：番俗从幼学走，以轻捷较胜负，练习时间一长，一天可达三百余里，就是快马也赶不上。尤其在秋淋泥泞时，星夜送递公文，只有靠"快行"送达。送信人臂戴铁钏，手执铜瓦，走则以铜瓦扣铁钏，声如鸣钟，一步一击，不快不慢，远闻数里。有人特赋诗称赞：

> 竞夸麻达好腰围，
> 健足凌空捷似飞。
> 萨鼓铿锵声近远，
> 轻尘一道走差归。

诗句勾勒出来的少数民族的这一景象，为"快行"整个历史又增添了生动的一笔。

宋代烟火

我曾经有一个学术梦想：想写一部从文化视野看去的中国烟火史，因为迄今为止中国尚未有一部完整的烟火史。但终因研究任务冗重，不得不暂时搁置这一念头。但稍有空闲，我还是想着从一具体年代切入，过一过"烟火瘾"，我的研究使我认为，烟火样式至宋已粲然大备，明白了宋烟火，便明白了中国烟火历史的泰半。

烟火说法在宋前，如《荆楚岁时记》就有"今正腊旦门前作烟火"等记载，但那只不过是燃烧沉香之类香料所造成的，和真正意义上的以火药而制成的烟火相去甚远。火药的使用，应该始于路振《九国志》一条郑璠攻打豫章时的"发机飞火"文字，当时约公元904年，唐哀帝的天祐初年，自此之后，我们不断看到一系列的如宋灭南唐用火枪、火箭、火药战争的历史，而长时间未见到火药与娱乐的踪迹。到孟元老《东京梦华录》，才揭开了宋代典籍中烟火娱乐的第一章。

这是一场在宝津楼专为徽宗的演出,首先是囊括"抱锣""硬鬼""舞判""哑杂剧""七圣刀""歇帐"等幻术,情景虚渺,场面调度变换颇具难度,然则全凭烟火,制造出了一个吞云吐雾的神鬼世界的氛围。

这一史实显示了用于战争的火药燃烧技术,因举行大型的为皇帝表演的活动而被运用转化成为烘托喜庆气氛的工具。从这个角度说烟火是城市技艺娱乐生活之一种,因为烟火一登场就是在城市演出。烟火一表演就是商品化,如"李外宁药发傀儡"已成东京众多技艺中一个相当著名的品牌。

据此我们可以得知,烟火已向民间、向市民倾斜,否则它不会作为技艺的一种载入城市生活的史册。《朱子语类》也可证明,在城市生活中已出现职业烟火师,他燃放烟火相当频繁,耗费甚巨,以致构成供人诟病的控告材料,可见烟火师已是诸技艺中的"紧俏货色"。

所以南宋的詹无咎写了一首《鹊桥仙》,这首词相当生动也相当重要,它勾画了宋烟火师以其品种丰富,变化多端,引得技艺同行分外倾慕,以至"点头咽唾",词中所说"一架",则为发射烟火的架子,为临安市场专售"成架烟火之类"。

烟火架的产生是因为零星燃放烟火费力又不热闹,于是将各种各样花炮分组绑在一丈多高的木架上,再用火药线顺序连接起来,届时只要把起头的引线点燃,各色花炮就可以自动燃放了,其情景颇具观赏性,所以临安宫廷欢度元夕夜深时,往往以"宣放烟火百余架"做精彩的结尾。

而且,宋代的"成架烟火"也已蕴含着"烟火戏"的雏形了,南宋元夕宫廷燃放的"烟火",已是一次"百余架",这已表明所

降魔变绢画细部之二《云中仕女图》

元宵灯会（清代孙温绘《全本红楼梦》第一回插图，所绘背景为"倏忽又是元宵佳节矣，士隐命家人霍启抱了英莲去看社火花灯"；图中架子上悬挂的是即将燃放的烟火盒子）

谓"烟火戏",乃是有人物有场景有情节的会演了。

这时的"成架烟火"已蕴含着"烟火戏"的雏形,如每年岁除之际,宫廷燃放的烟火已为"屏风"模样:"外画钟馗捕鬼之类,而内藏药线,一爇连百余不绝"。这表明此类烟火已有连续性,有故事情节,有人物形象,堪称"烟火戏"。我们可以从宋话本《灯花婆婆》见其表演之大概:

"'夫人,好耍了,烟花儿活了!'话犹未了,只见那灯花三四旋,旋得像碗儿般大的一个火球,滚下地来。哄的一响,如爆竹之声,那灯花爆升,散作火星满地,登时不见了,只见三尺来长一个老婆婆。"

这一描写揭示了宋"烟火戏"的程序:烟火花炮中隐藏着折叠的纸制人物,由于火药引线燃烧,点燃花炮,将纸叠人物射向空中,借助火药的爆炸及燃烧的力量,使纸人旋转打开起来……这一样式不仅使人联想到北宋初年的那幅降魔变佛画中那由彩色烟云簇载而凌空的仕女,绝非偶然。

这一样式开了后世"烟火戏"之先河,以至引动以善写风土人情的小说家,也都对此类"烟火戏"做了详细的描摹。如清代《歧路灯》第104回、明代《金瓶梅词话》第42回,都对此类"烟火戏"作了精彩的记录。

《歧路灯》第104回记载:"一道寒光""人物皆着""一个赶一个""端的旋转得好看";"这烟火架有几百样做法","无论什么八仙过海,二仙传道……可喜的张仙打狗,可笑的和尚变驴。记也记不清,说也说不完。"

《金瓶梅词话》第42回所述"烟火架"也达到了一丈多的高度,而且霸王鞭、地老鼠、紧吐莲、慢吐莲,旋转巧妙,灿烂争艳,这些早在宋代就普遍燃放的烟火在明代依然大放异彩。

宋代创制新的烟火样式不仅仅是"烟火戏",还有水爆、起轮、走线、流行等,已到了不可尽数的地步。例如南宋水军在钱塘江潮之间做的声如崩山的"水爆",是利用反作用火箭原理发射出去的炸弹,从本质上讲是娱乐性的纸炮。

如宋小说《乐小舍拼生觅偶》所写乘战舰的水军,在水面上施放五色烟火炮,这种水上烟火炮表明宋代烟火的隔火、防燃、浸纸这一关键技术已非常纯熟。后世"水上烟火"莫不从此而出。清代火烧战船"烟火",就是受宋代"水上烟火"的影响,从娱乐转向军事的一个典型例证。

由于宋代伎艺人能掌握多种烟火技术,所以烟火的表演层出不穷,以致在东京竟出现了伎艺人利用烟火技术进行盗窃的事情,洪迈《夷坚志》补卷第二十《神霄宫醮》就记录这样的一幕:夜半,郑太师家祠所,云烟蔽覆,火光中数轮离地丈许翔走,实际就是"地老鼠"式的旋转烟火样式,其火药推动力量之大,可使其离地达丈许。女童七八人乘彩云,即焰硝硫磺烟云,在像净鞭般爆竹声中下至,借对面不相见云烟,将金银供器掠尽……这只不过是整个宋代烟火的一个插曲,但足以说明宋代烟火水平之高,可以书写世界文明的史册。

更具有划时代意义的是烟火在宋代的普及程度,在临安众多的"小经纪"中,"药线、卖烟火"已经成为他处所没有的商品广泛出售。据科技史家研究:药线是引爆或串连烟火、爆仗、火药装置的重要部件。没有药线,就谈不上制造烟火以及火箭。所以"药线"至关重要,当它作为一种小商品向所有市民出售时,彰显了两种可能性:一种是社会已产生了对烟火迫切需求与充足供应的互动，一种是烟火作为城市经济高度发达的产物，使其需求与互动成为良性。

史实上，药线的制作已十分简易，宋末元初的陈元靓将其制方记入《事林广记》：

> 玄参三两，用蜜一两，水二升，慢火煮干。如瓷盒里，露地五日，取出。入焰消一钱，重同研，煞干。以栀黄纸包，撚作线，焚之，绝肖梅花。

这条材料不禁使我想起少年时代，每逢春节便买来一大把俗称"滴滴金"的药线，因药线易燃但又不易造成大的伤害，适宜儿童，一路放去，随便摇曳，在夜色中划出一道道电光石火般的虹霓，煞然惬意……人们是否会作联想：早在一千年前的宋中后期的市民社会，已经有经济能力消费得起药线，开始将药线当成一种新的城市生活娱乐的方式，也就成为一种更加进步的城市文明了。

金代茶食

衡量一个民族的饮食水平，往往要观察其农业基础。女真族逐水草以居，迁徙不常，故农业生产薄弱，尤其是茶叶的种植一直是空白。女真族所需茶叶，主要来源于与南宋的榷场贸易和南宋的岁贡等，据《金史》记"泗州场岁供"的物品，第一项就是大宗的"新茶千胯"，可见茶叶在金人的心目中占有何等重要的位置。

茶叶的大量引进和饮用，自然刺激金人对饮茶方式的学习，刘迎《淮安行》说："里闾风俗乐过从，学得南人煮茶吃。"是当时金人饮茶的真实写照。金人的饮茶方式完全是从汉人饮茶方式传承过来的，近年来出土发掘的辽金墓葬也可以证明这一点。如2000年3月北京文物研究所于石景山五环路立交桥工地发现的金代墓葬画——《点茶图》，可以看出金代的饮茶已和汉人的饮茶方式几乎无差。

但是，由于金人生活居住地区毕竟不产茶叶，这就使金人饮用茶叶显得十分奢侈。《大金国志》就曾记录金人举行婚礼时，富贵者才有资格品茗。至于金代完颜亶、完颜亮等皇帝，不仅喜好饮茶，而且还好"分茶""点茶"，就更是平常百姓可望而不可及的了。

也许正源于此，金人才注意到自己在饮茶中食品制作方面，以弥补饮茶的不足。据《海陵集》载：女真"俗重茶食，阿古达开国之初，尤尚此品，若中州饼饵之类，多至数十种，用大盘累钉高数尺，近至供客，赐宴亦用焉。一种金刚镯，最大"。以至事过多年，清代陆长春还为此赋诗道："酒阑故事添茶食，分得金刚镯似盘。"

从这些文字可以看出，"茶食"尽管着一"茶"字，但其主要则是点心，所谓点心则主要是糕。在《居家必用事类全集》中，专辟"女真食品"一栏，其中就有"柿糕""高丽栗糕"，可为代表。顾名思义，"柿糕"必然是以柿子为主料，其制法是：糯米一斗，大干柿五十个，同捣为粉。加干煮枣泥拌捣。马尾箩罗过。上甑蒸熟。入松仁、胡桃仁再杵成团。蜜浇食。

"高丽栗糕"，其实不过借当时高丽国之名，取其好听之意。栗子的种植在金人居住地区是十分普遍的，大定二十五年进士赵秉文曾有一首专咏《栗》诗："宾朋宴罢煨秋熟，儿女灯前爆夜阑。干树侯封等尘土，且随园芋劝加餐。"道出了栗子受金人喜爱之情。而栗糕当然以栗子为主要原料，其制法是："栗子不拘多少，阴干，去壳，捣为粉。三分之二加糯米粉拌匀，蜜水拌润，蒸熟食之。"

这两种糕点，充分体现了金代"茶食"的特色，即黏、甜。可以说，金人所有的糕点，均未脱离这一特色，"柿糕""高丽栗糕"就充分反映了这一鲜明的特色，其制法可以概括所有金人糕点的制作：以松仁、胡桃仁等各种果子为原料，与糯米同捣为粉，蒸熟，使其黏；浇蜜，使其甜。

宣化下八里辽代壁画张匡正墓壁画：备茶图

辽墓备茶图

以《松漠纪闻》所载松糕为例：用松实、胡桃肉渍蜜，再和以糯米粉，制成方形、圆形，大略如浙中宝塔糕。或许松糕美味远超其他诸糕，赵秉文又专作一首《松糕》诗，其溢美之词令人垂涎：

> 嗟嗟千岁姿，不比明堂蒿。肤裁三韩扇，液制中山醪。皮毛剥落尽，流传到松糕。髯龙脱赤鳞，三日浴波涛。玉兔持玉杵，捣此玄霜膏。文章百杂碎，肪泽滋煎熬。殷勤小方饼，裁以鞍山刀。味甘剖萍实，色殷煎樱桃。辽阳富冬菹，盘馔穷溪毛。巧谋一饱地，薑粉不我逃。腹中十八公，笑汝真老饕。未忘口腹累，尚以贤蒸羔。真味苦硬老，家风太孤高。聊将酥蜜供，调戏引儿曹。多生根尘习，隽永胜珍庖。一舌有多智，无乃绵蕞劳。人间无正味，嗜好随所遭。安能知许事，为君续离骚。

这是一首在中国诗歌史上较为罕见的专咏糕点的诗，即使是与明代程敏政所写的在中国饮食史上得到一致肯定的《傅家面食行》相比，也毫不逊色。这是因为松糕的质地堪称上乘，特色鲜明，予以比喻褒奖美化，合情合理，以至元末明初的《易牙遗意》食谱又将"松糕"列为专门，继续发展：

> 陈粳米一斗，沙糖三斤。米淘极二等，烘干，和糖，洒水，入白椿碎。于内留二分米，拌椿其粗令尽。或和蜜，或纯粉，则择其黑色米，凡蒸糕须候汤沸，渐渐上粉，要使汤气直上，不可外泄，不可中沮。其布宜疏，稻草摊甑中。

这一制法是直接从金松糕制法而来的，具有鲜明的黏、甜的地域饮食特色。也许由于此，金人才将糕点与当时贵重的茶并列，作为待客的必备。周辉《北辕录》述他入金受款待时的情况，揭示了这一"茶食"的程序:"先汤后茶"或"茶未行,酒先设",然后是所谓的"茶筵",即"如南方的斋筵","一般若七夕乞巧,其瓦垅、桂皮、鸡肠、银铤、金刚镯、西施舌,取其形似"。

周烨的描述恰到好处。所谓"形似",是指这些点心模仿从中原汉族地区传来的点心外形,而其制作却均为"蜜和面,油煎之",他还特意加了句:"虏其珍此"。在金人看来,用蜂蜜制成的糕点,才是正宗的本民族的食物。溯其渊源,这是因为女真之地盛产蜂蜜,所以金人的主副食品多渍蜜。

如徽、钦二帝囚于金国时,恰逢金帝生日,金人便将金帝所赐酒食给他们吃,结果他们吃完,全部呕吐。过后他们才知道这是"蜜渍羊肠",即用蜜渍掺着马肠子煮熟的一种食物,是一般囚禁者吃不到的,乃是金国的"珍味"。

看来,蜜是金人最为喜欢的一种食品。所以许亢宗奉使贺吴乞买嗣位时,在送金朝的礼物中就有"蜜煎十瓮",显然是针对金人嗜蜜而置的。蜜再加上油而成的"茶食",构成了金人最隆重的待客礼俗,《许亢宗行程录》中一段话可以证实这一点:金人"最重油煮而食,以蜜涂拌,名曰'茶食',非厚意不设"。

又据洪皓《松漠纪闻》云:金国治盗甚严,每捕获论罪外,皆七倍责偿。惟正月十六这天纵偷一日为戏,妻女、宝货、车马为人所窃,皆不加刑。是日,人皆严备遇偷,至则笑遣之。既无所获,虽微物也携去。他日知其主名或偷者自言,大则具"茶食"以赎,次则携壶,小亦打糕取之……

以"茶食"表示隆重礼俗,以点心求舒畅和谐,可以说"茶食"点心寄寓着金人的生活理念,从而彰显了勇武好战的金人的另一面。随着金人与相对峙的汉人的交流,这一面也渐渐渗透到了汉人的日常生活中。如北宋东京男子娶媳妇三日后，女家要往男家送"油蜜蒸饼"，这一习俗就是金人婚礼"茶食"之传。流风所及，宋代的饮食市场上越来越多地涌现出金人糕点的踪迹，如周密《武林旧事》就曾罗列"市食"中的十九种"糕"：

> 糖糕、蜜糕、栗糕、粟糕、麦糕、豆糕、花糕、糍糕、雪糕、小甑糕、蒸糖糕、生糖糕、蜂糖糕、线糕、闲炊糕、乾糕、乳糕、社糕、重阳糕。

其中虽有中原汉族地区流行的糕点，但亦不乏金人的制作，如蜜糕、栗糕、蒸糖糕等。金人糕点的影响还可从后代的反应看出来。元代大都，每至正月十三日都"发卖糖糕"，元宵岁时各衙门常办进上之物，特别加句："甜食之类，自有故典"，这显然是根据金人喜好甜、黏"茶食"这一传统习惯而发的。而且金人的这一传统饮食习俗还被金人的后裔满族人民所继承并发扬光大，"萨其马"就是明证。

据《清文鉴》解释，"萨其马"为满语"狗奶子糖蘸"之意，其制作是用鸡蛋、油脂和面，细切后油炸，再用饴糖、蜂蜜搅拌沁透，故曰"糖蘸"。"狗奶"并非狗奶，本为东北一种野生浆果，以形似狗奶而得名，最初用它作"萨其马"果料。清人入关后，狗奶逐渐被葡萄干、青梅、瓜子仁取代了。

从"萨其马"可以看到金人"茶食"的影子。不仅这一例，像阿古达摆"茶食"，"用大盘累饤高数尺"，而清代特有的满洲糕点宴席"饽饽桌"，层层叠摆竟高至十二层之多，这真是将金人的"茶食"规制发挥到了极致。至于明清时期乃至近现代北京坊巷中的"茶食胡同"，则更是金人"茶食"风韵物质化的长久流驻了。

宋小说的快餐"外卖"

徜徉都市，可见快餐店遍布街头，给我们的饮食生活带来极大的舒适感。其实，早在千年之前的北宋，此类的方便快餐就出现在城市里了。应该说，宋代城市市民的日常饮食生活，开中国乃至世界方便快餐之先河。在这方面，宋代小说可以确实地佐证，如《宋四公大闹禁魂张》。

宋四公准备长途跋涉，路上吃的是熬肉和蒸饼。所谓熬肉，乃是，类如白片猪肉制法：先将皮上用刀横立刮、洗三四次，下锅煮，不时翻转，不可盖锅。先备一盆冷水置锅边，煮拨三次，闻得肉香，即抽去火，盖锅焖一刻，捞起加作料可食。蒸饼，为面粉发酵而蒸制的饼。蒸饼不一定是馒头，但蒸饼包括馒头，如杨万里《食蒸饼作》中的"四破"即馒头。蒸饼也有加肉或果料的，为包子，但仍统称馒头。不过，《宋四公大闹禁魂张》中的蒸饼是不包馅的发面饼。

因此宋四公在吃时"解开熬肉裹儿，擘开一个蒸饼，把四五块肥底熬肉多蘸些椒盐，卷做一卷，嚼得

宋画中烹调用煤灶

宋画中的煮茶用煤灶

两口"。小说家通过对宋四公吃熬肉蒸饼的描述，概括出了北宋城市市民日常普遍的"吃相"，即餐饮要方便迅速。

这是因为由于数以万计的流动市民，集中于城市，他们又大多是手工业者、小商贩等，活跃于服务行业，其生活节奏加快，因而对饮食的要求相对简单，需要熬肉蒸饼这样利于携带的方便快餐。也就是说熬肉蒸饼看上去微小但干系重大，它供应着成千上万的城市劳动者的日常饮食之需。

从而也反映出了宋代城市饮食至少具备了这样两个层面：一是适用实惠的食物已经能大批量按着固定的规定由行业店家制作。二是方便食物可以不分早晚不拘场地随时供应城市市民的日常果腹需要。《宋四公大闹禁魂张》就可证明这两个层面：

一是：赵正在汴河岸上遇到馒头店，"门前牌儿上写着'本行侯家，上等馒头点心'"。馒头店显然是为了供应忙碌在汴河运输的人群而设立的，其馒头制作量必多，因赵正所见馒头店挂出了招牌，表明馒头已是饮食一较大行业，有的店家已创立了有自己风格的馒头品牌。

二是：宋四公在"三更前后"时分"向金梁桥上四文钱买两只焦酸馅"。焦酸馅为带馅的包子，作为小吃，能在深夜还占用金梁桥这样显赫的"专卖区"，这在品种繁多的美味食品中非是易事。欧阳修《归田录》从另一角度也可证实：东京食店卖焦酸馅，都是在通衢路上竖其大牌。这反映出了焦酸馅具有旺盛的人气，不愧为价廉物美。所以我们看到北宋期间日僧成寻《参天台五台山记》路上所食，焦酸馅数量不少，屡屡出现。

可喜的是，类似焦酸馅这样的方便快餐绝非一种，而是普遍性的。如宋小说《简帖和尚》所描写的东京枣槊巷一茶坊"卖鹌鹑馉

斗茶图，现存于黑龙江省博物馆。该图描绘了街头小贩休息时进行斗茶的场景

此中國賣吊爐燒餅之圖也其人用泥爐一個內燒劈柴鐵練掛在樑間以白麵做成燒餅上粘芝蔴放在泥爐之下鐵盤內少刻竟熟名曰吊爐燒餅

自宋以来，烧饼一直作为最普遍的"快餐"流行

饨儿"的，其吃法类如今天的"肉串"，非常简单"将条篾篁穿那馉饨儿，揎些盐"，即食即可。据饮食史家考证：馉饨儿是一种油炸带馅的圆形面果。鹌鹑不过因其蛋儿附会于馉饨罢了。这种食品除去串条便于携带，食用十分方便，故历久不衰。甚至到了明代，长途旅行的人们还将其作为必备的"干粮"。像《西游记》第六十七回，众人道："我们都带得有干粮、果品、烧饼、馉饨在此。"

于此见之，宋代快餐食品之所以长远流行，主要是和方便分不开，而这种方便，除却食品的易食易备外，主要是由食品而附带的周到服务而言。如《简帖和尚》所写的"卖鹌鹑馉饨儿"者，为了顾客直接服务到眼前——他是托着盘子进茶坊叫卖的，顺便还可以受买鹌鹑馉饨儿者之托，去他人家"传语"，送"三件物"，由快餐服务者"僧儿"展开了一场婚姻的纠葛，无论是在小说史还是生活史都是十分新鲜的事情。

宋小说《郑节使立功神臂弓》给我们展示了这样的画面：破落户夏德，乘数位有钱员外喝酒聚会，携篮而来，在众人面前就篮内取出砧刀，"把块牛肉来切得几片，安在盘里"，请员外们品尝。《史弘肇龙虎君臣会》中的郭威与史弘肇，则是卖狗肉，一个顶着盘子，一个驮着架子，到处叫卖，有人来买，就"放下架子"，搁那盘子在上，将狗肉切了卖……

这不禁使人想起《梦粱录》所记的杭州城内，"顶盘担架"，"沿门歌叫熟食"的景象，小贩叫卖：熬肉、炙鸭、熬鹅、熟羊、鸡鸭等类，其用意"就门供卖，可以赢仓猝之需"。这正是1998年，美国《生活》杂志选出过去一千年来影响人类生活最深远的一百件大事，其中第56件就是：出现在中国宋代的饭馆小吃，连带快餐服务哩。

鲁迅理发与清人剃头传闻

记不清是多少年了,只记得我在青少年时代,在一本书上曾看到过鲁迅理发的故事。近年亦有这样的故事布之于杂志上,这故事说的是:

鲁迅到一家理发店去理发。理发师见他穿着一件旧长袍,便像剪草般替他乱剪一通了事。他随便从口袋里抓了一把铜板塞给理发师,比应付的多了很多。过了一个多月,鲁迅又去那家理发店理发,这次,理发师特别细致周到。理完发,鲁迅把钱数了数,给了理发师一个应付的数额。理发师忍不住问:"先生,这次怎么不多给些了?"鲁迅答道:"上次你胡乱地剪,我就胡乱地给,这次你认真地剪,我当然就认真地给了!"

此事据说是1926年在厦门时发生的。但查鲁迅在厦门的日记,却找不到鲁迅先生关于这件事的记载,或许忘却了。自1926年9月4日到厦门始,至1926年12月16日离开厦门,鲁迅在厦门理发仅有一次记录,即"十二月九日,傍晚往铃记理发"。鲁迅并未

著名画家司徒乔画鲁迅素描像

此中国剃头之图其人挑担游於街市之间手执唤头串走胡同每到大街将挑放地等来往之人剃脸打辫子剃头方便之至

清人剃发图

在日记中记述这件事,但是我们不能因鲁迅未记而判断鲁迅未做过这件事,问题的实质是鲁迅能不能做这件事。

无独有偶的是,鲁迅理发的蓝本早在清代就以笑话的样式流传过了,那是吴下独逸窝退士编《笑笑录》卷六所言:

> 有人剃头于铺,其人剃发极草率,既毕,特倍与之钱而行。异日,复往,其人竭力为之剃发,加倍工夫,事事周到。既已,乃少给其资。其人不服,曰:"前次剃头草率,尚蒙厚赐,此番格外用心,何可如此?"此人谓曰:"今日之资,前已给过,今日所给,乃前次之资也。"一笑而行。此事殊可一笑,故附记于是。

从顺序上是清人理发在前,那么是否鲁迅看过这则笑话又巧遇理发师才这样做的,还是有人根据清代的这则笑话随意杜撰的?笔者认为:这两种可能都是存在的。但哪一种最接近史实或者说哪一种是真相?这个问题一直萦绕在我的脑际,始终确定不下来。大概是90年代初的一个秋日,我又向鲁迅研究专家王晓家提出这个问题,王先生的意见是:依鲁迅的性格,他是完全能够做出这样的事情来的。至于鲁迅是否真的这样做了,他好像在记忆中说不准。

这一回答有些含糊,直接的证据似乎不够明朗,按考据之法,是否可以寻找些旁证?我联想到鲁迅在厦门还有两件与此类似的事来。那是罗常培《从厦门解放引起的感想》所透露的,一件是说鲁迅第一次拿到厦门大学发给的四百元薪水支票到"美丰银行"兑现。银行人见鲁迅灰布旧袍,头发长乱,便问:"支票是你的吗?"鲁迅还以白眼,一言不发只是吸烟,那人连问三次,鲁迅连吸三口烟。最终支票在无言的抗议中兑现了。另一件是鲁迅赴粤,厦大校长为他钱行，席间校长说："我们私立大学谁捐钱谁就可以做董事。"鲁迅从口袋里掏出两毛钱往桌上一拍说："我捐两毛钱也可以做董事吗？"

罗常培是大学问家，以严谨著称学界，他所说是可信的。但就这两件事就有多种版本流传，如有人撰文证实：鲁迅兑钱时，是经理怀疑他的教授身份，便将鲁迅安排到会客室，他向厦大会计室询问核实鲁迅的身份，耗去不少时间才将四百大洋兑现。鲁迅兑钱的事至少有三种说法，在厦门民间广泛流传着。

那么，我们应该相信哪种说法？我认为关于鲁迅这些说法同样有道理存在，之所以流传不同是由于当事者观察角度不同，加之回忆人或经历人的地位、身份差别所形成的歧义。但万变不离其宗，这些传闻是有本事存在的，也就是说说法是客观存在的由本事变化出来的。而鲁迅理发则与这两件事有所不同，这是因为在目前存世的鲁迅史料中找不出有关鲁迅理发的记载，有清代笑话在前，鲁迅理发在后，附会成分较多是显而易见的。鲁迅怎么会如此凑巧在与清人剃头极其相似的境遇做出同样的反应？

笔者认为，这在史实上和事实上都是很难的不可能的，或者说鲁迅根本未有过这样的事情。但这并不等于鲁迅不会做出这样的举动。鲁迅是被公认的性情放达、幽默和想象力极其丰富的人，尤其是刻薄挖苦犀利无比的攻击个性，嬉笑怒骂皆成文章的才子风格罕有其匹，空前绝后。按鲁迅性格逻辑推理，鲁迅理发是完全可以这样做的，但历史并未提供这样做的记录。只不过现在又有人重提这一鲁迅的幽默笑话，我们不妨认为它是鲁迅受清代笑话的影响而做出的一个相似的举动，姑且认为它存在吧，但不必当真。按其笑话来源于清道光年间的辑佚计算，此则笑话在民间流传至少约有数百年历史了，就如同鲁迅理发也在相当长的年代中反复被传播一样，而且现在和未来都将重提，我们只将鲁迅理发当成鲁迅幽默性情的一个传闻。

侯宝林与"啰哩啰"

大概是80年代初的一个春天里,我供职于《黑龙江青年》杂志社,突获我的母校南开大学中文系薛宝昆教授要来哈尔滨市的信息,得知他此行主要是陪相声艺术大师侯宝林来收集素材的。待侯先生与薛老师在花园邨住下来,我便与《黑龙江画报》的刘绍强等四位记者赶往花园村采访侯先生。

由于我与薛宝昆教授是南开师生关系,加之在座的黑龙江人民出版社编审王润生也是我中学时代的语文教师,故我少些拘谨,在众记者中,首先向侯先生发问,当时我问的第一个问题是侯先生与徒弟马季在"文化大革命"中的关系,侯先生对此问题未作明确回答回避了。

第二个问题是"文化大革命"中的事情,即造反派"开批斗侯宝林大会",侯先生主动趴下,以示"斗倒斗臭"。侯老先生明确否认了这一说法是不存在的。但他另起话头说:

这倒没有,有的是运动(指"文化大革命")刚起来

侯宝林先生接受采访

方成笔下的侯宝林画像

时,在文联大院召开批斗牛鬼蛇神大会。我当时是被"造反派"封为曲艺界的"坏头头",被勒令参加批斗大会。刚开始,上来一个女红卫兵,张口就冲着我喊:

"侯宝林,你要老实交待!"(指侯宝林所谓的反党罪行)

"你说什么?"

我反问了一句。因为这位女红卫兵是个大舌头,说话说不清楚,语音啰哩啰哩的,我听不清楚,故反问她。这位女红卫兵见我反问,有点着急,语速越发快起来,也就越发不利索。

让你啰哩老实啰哩交待啰哩……

我因听不太清她的话,只得又反问。就这样一来一往,有好几个来回。参加批斗会的群众到底憋不住了,发出了哄笑。本来要开批判好几个"牛鬼蛇神"的会也就没法再开了……

度之情理,女红卫兵大舌头说话不利索,这不假,但她不可能像曲艺表演一样,侯老无疑对此进行一点装饰性的演绎,开了一个讽刺的玩笑。它当然不是虚构,而是一种历史真实的还原。相当多的人都知道,自宋以来,在小说戏曲中"出镜"比较多的是"啰哩啰"。如《张协状元》第十二出:"口唱嘀哇啰啰哇把小二便来薄贱。"《三宝太监西洋记》第十七回:"就是牧牛的小厮也唱个啰哩。"

"啰哩啰"作为曲艺表演中的一串装饰声音,至今在福建地方戏剧里都能找到它的余韵,它没有一般语言所应有的含义,故仅可称为"语助词"。侯老肯定知道啰哩啰还含有指代不便明言的隐语事情的功用。如啰哩啰含骂人之意，明人小说《卖油郎独占花魁》就有："口里就出粗哩连啰连的骂人"的句子。

所以侯老在无法公开反抗的情况下，只好采取比较隐晦反其道而行之的方式。彼时彼刻的侯老心境一丝一毫也笑不出来，而是一种难言的苦涩，他对着我们这些采访记者大声说："当时我心里是个什么滋味？"

但侯老未消沉，而是将其困惑、将其不满，乃至愤怒通过其独特的反问样式表示出来，从而成功地"阻击"了一场毫无道理的批斗狂潮的势头。这不能不归之于大师在艰难中仍保持超乎寻常的睿智的功力。

这不由又使我想起那些在皇帝面前敢以笑话犯颜直谏的俳优们，侯老与他们相比毫不逊色而巧妙过之。仅凭此，侯老的"啰哩啰"是足以载入《笑林广记》之类的经典之中，值得我们长久欣赏……

人妖琐谈

近年来,"人妖"一词不时见诸报端,多指泰国通过变性手术而由男改扮为女性的特殊人群。殊不知,泰国"人妖"现象在某种程度上则是中国古代"人妖"的一个翻版罢了。因"人妖"一词早在春秋战国时期就见于文献了,如荀子《天论》所说:"政令不明,举措不对,本事不理,夫是之谓人妖。"后不久的《韩诗外传》则直接将枯耕伤稼、政险失民等归为"人妖"。

后引申为与正常人不同的怪异人,如伪装异性或有生理变态的人。《南史·崔慧景传》即有其例:东阳女子娄逞装作男人,因她粗知围棋,解文义,遍游公卿,所以仕至扬州议曹从事官。事发后,明帝驱令她回原籍。这时娄逞才为妇人装束而去,明帝叹说:"如此之伎,还为老妪,岂不惜哉!此人妖也。"

应该说在宋代以前,"人妖"基本限定在与灾祸相联系的超出常规的人和事的这一层面上。如《玉堂闲话》载:北宋陈州有一四十上下自号"白项鹤"的

清代贵州傩戏"人妖"面具秋姑婆

民国北京"女强盗"剧像

宋杂剧中的女角扮相

女人,形质粗短,发黄体黑,用男子姓名,衣巾跪拜,皆为男子状。此妇人能左右驰射,日可行二百里,其属下数千男子,都役服于她。据她自道,前后有数十丈夫,少不如意,皆杀之。闻者无不愤怒!一致指她"此人妖也"。

不过仍是宋代,"人妖"的妖怪暴戾之气则减退,"人妖"的妖媚之气则上升,以至成为普遍。而且多是男扮女装。周密《癸辛杂识》前集专辟《人妖》条说:赵忠惠与赵参议婢女求欢,婢女不从,赵强迫婢女,才知婢女是男子化装。《癸辛杂识》后集续说:临安新门外乃是这些"人妖"活动的巢穴,这些男子抹胭粉,着丽服,善针指,连口气称谓都与妇人一样,变态求食,令人作呕。但未见有举条例禁止这些"人妖"行事者。这反映了宋政府在很大程度上已经默许了这些男子"以色媚世"的丑行。

究其原因,这是由于城市服务经济行业对女性需求量增大所致。《江行杂录》可证:在临安中、下小户人家都重女轻男,倘若生下女孩则爱护得如捧珍珠,因为待其女孩长大,可以随着她的姿质,教给她一种艺业,或杂剧,或琴棋;或针线,或拆洗;或贴身伺供,或堂前摆设……女性"就业"前景一片光明,这就引动许多女性投身其中,以至有不少男子也纷纷仿学。

宋小说《宋四公大闹禁魂张》描写宋四公在去东京西南路上的一个村酒店里喝闷酒,一妇女入酒店来,"拍手唱一支曲儿"。宋四公让她坐在跟前,"教量酒漆只盏儿来,吃了一盏酒"。宋四公把那妇女抱一抱,撮一撮,拍拍惜惜,把手去摸那胸前道:"小娘子,没有奶儿。"……这女子打扮:油头粉面,白齿朱唇。锦帕齐眉,罗裙掩地。鬓边斜插些花朵,脸上微堆着笑容……却原来是江洋大盗"苏州平江府赵正"装扮的。以此略见宋代男扮女装为"人妖"

之活灵活现一斑。

"人妖"之所以投身于伎艺表演,就是因为这一行当赚钱快,而且如果色艺双绝的话,可以赚大钱。宋《清尊录》就记述了这样一个"人妖"成长的全过程:四川兴元一市民,在路上捡一小男孩,带回家养育。夫妻俩谋划他成伎艺女,这样可售数十万钱。此后这男孩便被关闭在深屋中,节制饮食,他的肤发腰步,都加以修饰和严格的调治,待他长到十二三岁,嫣然一美女形象。这位幼男人妖,使要看他的人接踵盈门,他与这些狂热爱好者见上一面,也要收取数千"看钱",而且这人妖,在养父母的调理下还充当了诈骗他人钱财的角色。可以说,宋之人妖肮脏居多,其丑恶一面为元清人妖的发展提供了借鉴。

此事使我们清晰地看到,"人妖"氛围已在社会上形成,"人妖"已具市场化,从一开始"人妖"的父母就筹谋如何训练而使之赚钱,而社会上如何调治幼男使其成为赚钱的机器,已有一套规律可循,若节制饮食等,训练手段已花样百出,因而此少男很成功转变为会表演的女子,已不是什么困难的事情。而且宋"人妖"影响之大,使我们不仅在宋代还看到不少这样的例证,还从宋以后的元明清诸代不断地看到这一"人妖"的影像。

如清代袁枚《子不语·假女》所提供的一则"人妖",倒像是宋"人妖"的重演:贵州贵阳一洪姓美男,自幼无父母,邻有孀妇喜洪漂亮加以抚养,使其不剃发、缠足,长至十七岁时已声音娇细,颈无结喉,发垂委地,肌肤玉映,腰围仅一尺三寸。洪男专供孀妇淫乐,孀妇死后,洪男便以"针线娘"为名,行走于楚、黔两地,十年之内,挟绣伎骗奸女子无数,至江夏时却被一杜姓男子猥亵发现,扭送官府,审讯按察使认为洪是"人妖",判处极刑。

这则清"人妖"与宋"人妖"有所不同,宋"人妖"多仅止步以色艺行骗于世,而清"人妖"已超越此界限专以诱奸妇女为能事,这显然是"人妖"的穷途末路,而这一现象在明清则屡见不鲜。如明《五杂俎》,清《坚瓠余集》有录:成化山西桑冲,妆作妇人,就彼学女士描剪花样刺绣等项,教与任茂等七人,结帮成伙,诱奸妇女。清"人妖"更上一层楼,呈集团化、规模化倾向,如汪启淑《水曹清暇录》的"档子"(又名小班,艺伎之流),乃选十一二岁清童,学北京妇女装扮,以唱淫词小曲为业,人家宴客,呼之即至,或溜秋波,或投纤指,撩人大笑,掷撒钱帛……清"人妖"将其丑恶的一面推向极致,"为害匪浅!"人们予以"严禁",则是必然的了。

昆仑奴

昆仑奴，一个在中国略显另类的称谓，多年来一直给人留下无穷的研究兴味，精深探究者如张星烺《昆仑与昆仑奴考》、葛承雍《唐长安黑人来源寻踪》、孙机《唐俑中的昆仑和僧祇》等，这些论著或用出土文物与文献互证，或地域或种族或中外交通，或着眼于书或解读于音……均程度不同地释解了昆仑奴的身世、形象、经历等，撮其主要可归纳如下：

昆仑可根据唐义净《南海寄归内法传》、宋赞宁《宋高僧传》、元汪大渊《岛夷志略》认定：今中印半岛南部及南洋诸岛为昆仑，而非非洲。冯承钧《中国南洋交通史》虽也认为昆仑："北至占城，南至爪哇，西至马来半岛，东至婆罗洲一带"，但提出了"甚至远达非洲东岸"的概念，不过近年经学者的努力一致形成了这样的看法：昆仑的范围主要在印尼次大陆以东约东南亚一带，及印度洋中若干岛屿。

据刘义棠先生考证，昆仑来自突厥 Qurum 音译，Qurum 或 kurnm 义为"黑烟灰"，形容人黑，故昆仑奴即黑奴。再验证唐慧琳《一切经音义》：昆仑是当时的俗语，是南海洲岛的"夷人"，甚黑，能驯服猛兽犀象等，种类数般，但都是"鄙贱人"。张星烺先生则认为：昆仑奴是非洲黑奴，由阿拉伯人输入中国。这就涉及一个根据肤色如何判断的问题，史实告诉我们：不是黑色人种就是非洲黑人，昆仑奴多半是来自马来半岛及南海诸岛中的黑人。如像宋人《萍洲可谈》所记：入水眼不眨的野人谓之昆仑奴。说明昆仑奴近海生活，潜水本领很高。

昆仑奴是何时进入中国的？按钱锺书先生于《管锥编》说过：墨子是印度人。其皮肤当然为黑，且墨子以苦行苦干立身，循此线索，我们是否可以大胆设想墨子为来中国的昆仑奴的鼻祖？如果这一观点可以成立的话，昆仑奴至少在春秋战国以来就有其踪迹了。此后两汉魏晋南北朝似鲜有昆仑奴大量的记载，但零星仍依然夺目，如洛阳北魏元邵墓出土的北魏昆仑奴童俑，一头卷发，赤裸上身，掩面蹲坐，好像深思又似瞌睡，当为中国出土较早的昆仑奴童俑，标示着在这一历史时期的昆仑奴已有各式层次。

在这时期，我国深肤色人也常被戏称为昆仑，如《晋书》记孝武李太后为宫女时，在织坊中，形长面色黑，宫人皆叫她为昆仑。昆仑奴对中国人生活影响之大于此可见。《太平广记》记北魏贾王将家有一昆仑奴擅长接黄河河源水酿酒，遂名"昆仑觞"。它表明昆仑奴极具创造财富的能力。

直至唐朝，昆仑奴的数量和势头猛涨，说艺人高手有康昆仑，说昆仑女有张籍《南海女奴诗》，昆仑语、昆仑舶、昆仑书、昆仑音、昆仑名、昆仑国等接续不绝，蔚成风气，我们看到昆仑奴，或耕于田垄，或随主来朝，或骑马抱犬狩猎，或乘驼乘乐乘舞，或牵马，或引牛，他们浑如墨染，卷发露胸，短裤披幅，赤足而行……

昆仑奴陶俑

昆仑奴俑

在唐代的生产、伎艺等各个方面,书写了新的一章。

唐代的裴铏,目睹颇具传奇色彩的昆仑奴,特作一《传奇》小说,塑造了一位忠心耿耿地服侍于主人姓名为磨勒的奴仆。磨勒矫健凶猛,他可以像雄鹰一样飞出高墙,如雨的疾箭都射不中他,磨勒顷刻之间不知所向的本领,开后世剑侠小说之先声。唐袁郊《陶岘》则刻画另一位善游水而勇健的磨诃,亦如磨勒一般,为主人取剑深入水底,以致肢体磔裂……从姓名看,磨勒与磨诃是阿拉伯人通用"摩勒达"之转化,它表明了唐代的历史是有来自阿拉伯人民的贡献的。

至明代,梅鼎祚则在唐小说的基础上,重新创作了一出《昆仑奴》杂剧,在这出剧中,昆仑奴磨勒大体上还未脱出在崔府为奴的影子,但他已较唐小说的磨勒说出自己的心声了:"正要忍辱,才是烁魔。直等到主恩少报,限期已满,方可脱身,再图正果。"看来这个磨勒是有头脑的,他就这样反驳崔生说:"岂不闻蚁可测水,马能识途。"

在剧作家的笔下,磨勒已成颇富胆识的智者,如在第三折结尾时作者借郭府之人说的一番话,抒发了对昆仑奴的评价:"只是这般人,却都不为朝廷所用,眼见得天下又多事也!正是:严廊多悻位,草莽有英雄。"经过层层渲染,杂剧中的昆仑奴已粗具独立的人格,形象变得明朗大气起来。

随着昆仑奴在中国生活的深入,昆仑奴也逐渐开始"登堂入室"。这在宋元表现尤为突出,如宋杨亿《杨文公谈苑》记每逢朝廷举行大典,在仪仗队前列,总是由昆仑奴乘象前导。宋画家就曾以浓墨重彩将这一景象绘成《汴京宣德楼前演象图》,给人印象深刻。至元,官宦人家则以拥有昆仑奴为荣,张宪《大都即事六首》

有云：

> 三月西山道，春风平则门。绣鞍红叱拨，毡帽黑昆仑。衣襆分香裹，壶瓶借火温。醉归杨柳月，绿雾掩黄昏。

这首诗似展开一幅风俗生活图，使我们看见昆仑奴在大都社会中的不可或缺。

在明清，昆仑奴的发展势头有所衰减，但仍有活动。据《东西洋考》：洪武三年，爪哇国一次进贡黑奴就有三百人之多，足见其规模。在典籍中如《广东新语》还有对昆仑奴的记载，但数量已相对前朝较少。这一时期值得注意的是著名画家任渭长作的一幅《昆仑奴》，面目黢黑，鼻大唇厚，但乍看此昆仑奴已与汉人无异，透露出了昆仑奴已有"同化"的痕迹，这不是中国文明的一个进步吗？

《金瓶梅词话》阅读三十年

2008年12月的一个寒冷夜晚，我应邀去哈尔滨工业大学，还一桩已拖了一年多的"夙愿"：演讲《金瓶梅》。当我迈入阶梯大教室看到数百张年轻的笑脸，禁不住为工科大学生这种追求人文科学的热情而感染，要知道，《金瓶梅》对文科大学生阅读也会感到一定的困难，可是在工科大学却受到欢迎，它不仅仅是一种学术的进步，也是一种社会的文明的进步，由此我回忆而讲演的闸门也就打开了——

我是在1978年之前开始接触《金瓶梅》的，因我正在作《水浒传》与市民的研究（1975年发表了《〈水浒传〉是反映市民阶层利益的作品》论文，即现被学界认同的"水浒市民说"），问题是我无《金瓶梅》可看，只有一些先辈学长所写的介绍《金瓶梅》的文字，这显然是"兵家大忌"。由于当时我供职于黑龙江团省委的《新青年》杂志，借"组稿"之便，结识了北京大学中文系毕业、时任哈尔滨图书馆古籍部工作的郝连昌。于是，我便商通郝先生，每天上午抽一段时间去市图，由郝从书库提出《金瓶梅》的一本分册，交给我阅读。我记得阅读速度很慢，主要是为了做笔记，但也是与读一册再到书库内换一册，从而使阅读不能尽兴有关。

清人绘《金瓶梅词话》插图：明人演昆山腔《琵琶记》图

我曾向郝先生提出能否一次多提出几本来看，可郝先生坚持这是制度，于是我就这样断断续续坚持了一个多月。一天，郝先生让我开一封单位的介绍信押在古籍部，因为制度规定个人是不允许看《金瓶梅》的，只接待持单位介绍信的查阅者，而且必须写明阅读《金瓶梅》出于某种需要，否则任何单位也不予接待。

个人看《金瓶梅》已属极为特殊，故必须要补一张单位予以证明我这种需要的"介绍信"，幸亏我单位管介绍信的同事对我这种看《金瓶梅》的需要十分理解，很快开出了这封"介绍信"。通过这样一次"折腾"，更加深了自己要拥有一本《金瓶梅》的愿望，因为阅读一次《金瓶梅》毕竟印象不深。

这时，我想起一位方姓上海朋友，他的母亲到香港探亲，我托他从香港买一部《金瓶梅词话》，书、邮资由我以人民币折算。很快，书寄来了，但海关通知我：此书属"禁读"范畴，要扣留。除非我能拿出省委宣传部一级的证明，证明我确实是从事《金瓶梅词话》研究的信函来，否则书将没收。

无奈之中，我找到任省教育厅厅长的邝玉书大伯，由他联系到省委宣传部的一位秘书长开出了一纸证明我确为研究《金瓶梅》的学者，海关将这份盖有省委宣传部鲜红大印的证明信"押"下，才将这部《金瓶梅词话》"放行"了我。由此我拥有了一部属于自己的《金瓶梅》，这无疑给我的研究插上了翅膀，要知道当时某省一文学研究所承担编撰《古小说书目》尚未有一部《金瓶梅》借鉴哩……

我之所以如此冗长地向同学们介绍我最初读《金瓶梅》的经过，主要是想告知"90后"一代年轻人，我不如此反映，他们是无论如何也不会理解三十多年前研究《金瓶梅》是如何地艰难，这和今天他们堂而皇之地聚集在一堂，公开谈论《金瓶梅》真是霄壤之别。这是历史的幸运。

因为在三十年以前，个人能找到《金瓶梅》阅读几乎是不可能的，当通过特殊渠道拥有一部《金瓶梅》时，又将使这种阅读纯粹成为个人体会"哑语"式的，无法找到讨论的对手。比如说被许多学者都诟病的几近照相式的性行为描述，我倒觉得以"欣赏说"冠之是不够的，不错，其大胆令人面红耳赤。

但这种大胆何尝不是对禁锢的封建体制的一种反对？在明代历史条件下它有有益的成分。但这种个人阅读心得是难得自由地抒发的。幸好，随着越来越开放，《金瓶梅》的阅读渐成气候，国内甚至成立了《金瓶梅》研究会，我的老师宁宗一先生，还有我熟悉的复旦大学的黄霖先生，主事于其中，使《金瓶梅》的阅读达到一个全新的阶段。

我也不仅仅停留在阅读的基础上，逐渐地将《金瓶梅》纳入到自己所进行的市民日常生活研究之中，并先期将一些零星的体会形成文字并贯注于《明代衣食住行》一书中。如果由此而联系《金瓶梅》阅读的三十年，不禁会产生许多感慨，它促使着我们尤其是年青的一代，可以有个"参照系数"，曾经的不幸是一种宝贵的财富，从中会更激发起阅读《金瓶梅》的热心、信心和一股生生不息的力量。

模特儿追星族

一提起"模特儿""追星族",人们往往将其归入"舶来品"。的确,"模特儿"是来自法国 modele 音译,它起初为美术工作者写生或雕塑时,用作参照物的人体,后扩展为展示服装款式的人或人体模型。"追星族"在英语中或可唤为"粉丝"(fans)即首为歌迷,其源可溯于19世纪的英国,1867年时的伦敦娱乐场所主要为歌厅已达500家,是查尔斯·慕顿(Charles Mouton)这位经营者,以便宜的收费带动了全民前往歌厅娱乐消费的热潮。据载,当时歌手的登台造型,通常都是头戴高帽,身穿魔术装,手上端着一杯酒,嘴巴叼根雪茄,歌手成了成千上万观众痴迷追逐的偶像,这就是所谓的"追星族"的出现。

转观中国,自古以来无"模特儿""追星族"这些词,但不等于没有这样的现象。如果以古代文学的研究都是特殊形式下具有现代意义研究的这一理论去观照的话,我们就会发现,中国古代文学很早就为我们提供了"模特儿""追星族"的讯息。据《青楼集》:

清代模特儿像

清佚名《仙媛幽憩图》

元大都专演小旦角色的孙秀秀,名公巨卿无不重爱,以致京城传诵着这样一句谚语:"人间孙秀秀,天上鬼婆婆"。

从天文学角度看,"鬼"是天上"二十八宿"之一,属于天上"南方"七个星座之一,俗称"鬼婆婆"。将孙秀秀比喻为天上的星斗,显然是由于孙秀秀的容貌、表演不是一般的光彩照人,使人不由得不抬头仰望,强烈被吸引。而这种情况在当时已非个别,高安道《嗓淡行院》说他去勾栏的目的,主要是为了"瞅一会皓齿明眸",也就是说漂亮的像"模特儿"般的演员已成为剧院的"顶梁柱",缺之不可,而且十分普遍,大都的市民像追星星一样地追"模特儿"般演员的活动已成族群规模,汇成了一片躁动的汪洋……

当然,这种现象并非一朝一代而成,而是经过了长期的积累发展,如果溯源的话,早在春秋已经有了"模特儿""追星族"的踪迹了。如《战国策·邹忌讽齐王纳谏》:邹忌身长八尺有余,形貌秀丽,当邹忌问他的妻、妾和客人:我与徐公谁美?妻、妾、客均答:徐公不如您美。邹忌为验证他与徐公之美,专跑到城北去偷窥居住在那里的徐公。此文表明春秋战国的都市已经有人们公认的"美男模特儿"了,而且已形成了其追逐之族了,又如大家所熟悉的汉代民歌《陌上桑》中的罗敷:

> 罗敷喜蚕桑,采桑城南隅。
> 青丝为笼系,桂枝为笼钩。
> 头上倭堕髻,耳中明月珠。
> 缃绮为下裙,紫绮为上襦。
> 行者见罗敷,下担捋髭须。
> 少年见罗敷,脱帽著帩头。

耕者忘其犁，锄者忘其锄。

来归相怨怒，但坐观罗敷。

罗敷从头到脚、从下到上的装束，使人不禁想起《金瓶梅词话》中潘金莲给人的印象："从头看到脚，风流往下跑；从脚看到头，风流往上流。"即源于此。罗敷引起了各类人群乃至农夫的注目欣赏，对此产生了各式解读，有学者联系《陌上桑》下半部认为"反映了当时上层社会人们的荒淫和无耻"，近年来又有罗敷"调情说"，笔者不能苟同，仅就上半部对罗敷的描写而言，她就是一幅汉代"模特儿"与"追星族"交织的图卷。

如果将罗敷置于整个文学历史长河中观察，就会发现与她同时代的这类"模特儿"式的美人的描摹已连篇不绝，司马相如的《美人赋》："有一女子，云发丰艳，蛾眉皓齿，颜盛色茂，景曜光起。"杨修的《神女赋》："华面玉粲，韦华若芙蓉。肤凝理而璨洁，体鲜弱而柔鸿。"王粲的《神女赋》："发似玄鉴，鬓类刻成。质素纯皓，粉黛不加。朱颜熙曜，晔如春华。口譬含丹，目若澜波。美姿巧笑，靥辅奇牙。"

继之而来的唐诗施肩吾的《观美人》，宋词欧阳修的《好女儿令》……都竭尽浓墨重彩，刻画出了一位又一位合乎古人审美标准的"模特儿"形象，尤其是清代一佚名者创作的子弟书《螃蟹段儿》，将这类"模特儿"推向极致，从牙齿到粉面，从头发到梳妆，二龙戏珠的鞋，阵阵幽香的气，天青纱褂，长袖衬衣，使人觉得这位"模特儿"就在眼前，而这位"模特儿"也做出毫不逊色今日"模特儿"的举止来：

这佳人，一见许多人齐喝彩，反倒故意儿把俏步拿。抖了抖月白手帕搭在项上,纤手把褂衿儿拉,两眼机灵胡飘转,故意儿整理叙环把鬓角儿刮。……笑盈盈一转秋波留情趣,勾引得众人都看着他(她)。

这一场景就出现在平日的大街上,它使我们直觉地感到清代的北京并不封闭,市井生活也不像想象的那样陈旧。我们如果循此思路,去追溯由于罗敷而引起的骚动,那就更会使人们感到"模特儿"与"追星族"的丰富多彩了。若金、南宋间董解元杂剧《西厢记》:

诸僧与看人惊晃,瞥见一齐都望。住了念经,罢了随喜,忘了上香。选甚士农工商,一地里闹闹攘攘,折莫老的、小的、俏的、村的,满堂里热荒。贪看莺莺,闹了道场。

元王实甫《西厢记》杂剧:

大师年纪老,法座上也凝眺;举名的班首真呆劳,觑著法聪头做金磬敲。老的小的,村的俏的,没颠没倒,胜似闹元宵。贪看莺莺,烛来香消。

又《水浒传》第四十五回一堂和尚见杨雄老婆,《金瓶梅词话》第八回众和尚见潘金莲,均用相差无几语言:"自不觉都手之舞之,足之蹈之。""一个个多关不住心猿意马,都七颠八倒,酥成一块。"这无异于"来归相怨怒,但坐观罗敷"的变异,也算是古代"模特儿""追星族"的一个侧面。

乞丐的艺术

乞丐有艺术吗？乞丐是否需要艺术？这似乎是一个难登大雅之堂显得有些模糊不定的问题。其实，撇开自唐长安就有东西凶肆下层之人以歌竞赛不论的话，至少在宋代就有比较明确的以说唱乞讨为生的"艺术乞丐"了，如宋话本《计押番金鳗产祸》中的"庆奴"即是。到了明代，"艺术乞丐"已相当普遍，若天然痴叟《石点头》所写：

一日方氏正在堂中，忽听得门首锣声当当地响，许多小儿女，嘈嘈杂杂。方氏唤春来同走出去虚页看，原来是弄猢狲的化子，肩挑竹笼，手牵猢狲，打着锣，引得这些小儿女，跟着行走。这化子见方氏开门来看，便歇下笼子，把锣儿连敲几下，哩哩口连啰口连唱起来。

这段描述很重要，它较完整地展示了明代乞丐在农村的行乞方式，这种乞讨是带有艺术性质的，乞丐所唱的音调为"哩哩口连啰口连"是缀在一篇唱曲之

凤阳花鼓

莲花落演出样式

后的一串声音,是没有一般语言所应有的含义,从语言学角度定义可称之为"语助词"。

据南戏专家研究,在词曲、剧曲中,常见的也是"啰哩口连",它包容有经言咒语、呼叫与应答、不便明言的隐语、依托与模拟、衬腔、帮合与和声,等等。也就是说在"哩哩口连啰口连"之前可以铺叙任何内容,随便从明代的戏曲里就可以打捞出这样的例证来:

朱鼎《玉镜台记》第八出《成婚》,夫妻对立揭盖头所唱:三尺红罗复绿鬓,盖头高揭露朱颜。娇羞敛衽低头立,俊俏才郎偷眼看。啰口连哩啰口连。

吾邱瑞《运甓记》第十三出《牛眠指穴》,小丑扮牧童唱山歌:我也弗抵得个过江子弟,哩哩啰啰。

徐元《八义记》第十四出《决策害盾》写闲人游春的心情:路傍犹未拆秋千,待来年再游玩,唱一曲哩啰哩口连。

以上可见,唱词后缀"啰哩啰口连"不尽相同,或用于婚礼或用于抒一时之情,但不可或缺,如宋普济《五灯会元》曾有"吟啸无非啰哩啰"之语。它是为烘托说唱内容而存在的,也就是说"啰哩啰"与要表达的"莲花落"是紧密联系在一起的,而所谓"莲花"来自佛教,有专家认为"落"为"乐"之音转。

笔者认为"落"可理解为像纷飞的莲花一样落下。唐道宣《续高僧传》可互相验证:"随物赞祝,其纷若花;士女观听,掷钱如雨。至如解发百数,数别异词。陈愿若星罗,结句皆合韵,声无暂停,语无重述。"这段话十分精确地概括出了"莲花落"的特征,即唱"莲花落"要极其声速敏捷，以至使它成为僧侣募化的最有效的方式。

一般来讲，乞丐要以"莲花落"乞食，就要研究"莲花落"，要拜师学艺，还要有一副器具，如明徐霖《绣襦记》所说："郑元和当日拜为师，传与俺莲花落的稿儿"，"小乞儿摇槌象板不离身"。许多潦倒的贵族子弟，往往在生活无着的情况下，如《二刻拍案惊奇》卷二十二所说的："只得作一长歌，当作似莲花落，满市唱着乞食。"

这类"莲花落"很难谈得上具有多高的艺术性，往往就个人遭遇发感慨，直如歌词中所道："落得街头唱哩莲"只是以"莲花落"乞食为生罢了。但是较多的乞丐要饭要钱所唱"莲花落"是需要一定的甚至是很绝妙的说唱伎艺的。像《绣襦记》中小乞儿所唱实景"莲花落"全是见景生情，出口成章，使情景交融，犹似一幅逼真水彩画：

> 只见那财主每，凉亭水阁，散发披襟，手执纨扇，冰盘汛李赏浮瓜。哈哈莲花落也。又只见一只小舟儿，轻摇漫棹，短缆孤莲，提着鲜草，穿着鱼腮，手执莲台赏荷花，哩哩莲花，哩哩莲花落也。惊起那水面上鸳鸯儿，一双双，一对对，忒楞楞腾，忒楞楞腾，飞过了浪淘沙。哈哈莲花落也。

这种"莲花落"，要求是现编现唱，而且唱词必须要有板有眼，合辙押韵，这就要求唱"莲花落"的乞丐练就过硬的功夫。我们可以从现存遗留下来的传统相声《数来宝》中，看出明代乞丐唱"莲花落"功夫是何等"过硬"了：乞丐要边打板边唱，要做到眼快心快嘴快，"不管有多少买卖，三百六十行，碰见什么全有词

儿。"而且要临时抓哏,逗人发笑,从棺材铺到杂货铺,一套套的:

　　您的棺材做得好,一头儿大,一头儿小,装里活人受不了,装里死人跑不了,装里病人养不好……

　　杂货铺儿,货真全,红糖好,白糖甜,要买沙糖图省钱。买一包花椒张着嘴儿,买一包胡椒滴溜儿圆,小虾米,弯又弯,黄花、木耳上秤盘,筷子犯了什么罪?三道麻绳将它缠,二踢脚,三寸三,大年三十用火点,嘣——叭!上了天!

如果说棺材铺的"数来宝"还带有调侃的意味的话,杂货铺的"数来宝"则非常"写实",它为我们展示了旧时代的市民生活的场景,同时可以使我们领略到明代乞丐"莲花落"的风采,使我们看到了明代乞丐乞讨是需要艺术的,乞讨不亚于卖艺,或者说它就是一次伎艺的演出,应该说乞丐的艺术是具有相当水准的,要把它放在整个说唱艺术历史中去加以研究,会有不小的意义的。

苏州、扬州的商人与戏剧

《红楼梦》第十六回曾写到贾蔷等人下姑苏聘请教习,采买女童,置办乐器行头等事。应该说,《红楼梦》中这一笔,倒是写实的。在清代,苏州是一伎艺荟萃之地,戏剧可为其代表。若清代顾禄《清嘉录》卷七《青龙戏》云:

老郎庙,梨园总局也。凡隶乐籍者,必先署名于老郎庙。庙属织造府所辖,以南府供奉需人,必由织造府选取故也。每岁竹醉日后,炎暑逼人,宴会渐稀,园馆暂停烹炙,不复歌演,谓之"散班"。散而复聚,曰"团班"。团班之人,俗称"戏蚂蚁"。中元前后,择日祀神演剧,谓之"青龙戏",迤逦秋深,增演灯戏。灯戏出场,先有坐灯,彩画台阁人物故事,驾山倒海而出,锣鼓敲动,鱼龙曼衍,辉煌灯烛,一片琉璃。盖全同戏园不下十余处,居人有宴会,皆入戏园,为待客之便。击牲烹鲜,宾朋满座。阛外观者,亦累足骈肩,俗目之为"看闲戏"。有无

清昆曲演出堂会图

名氏《新乐府》云:"金阊市里戏馆开,门前车马杂遝来。烹羊击鲤互主客,更命梨园演新剧。四周都设木阑干,阑外客人仔细看。看杀人间无限戏,知否归场在何地。繁华只作如是观,收拾闲身闹中寄"。

苏州戏剧之盛于此可略见一斑。

但是,《红楼梦》研究者往往忽略了这样一个问题,即《红楼梦》中所描写的贾蔷等人下姑苏聘请教习,采买女孩子,置办乐器等事,是与清代的扬州商人有不解之缘的。众所周知,扬州的商人是多以贩盐而牟取暴利,迅速暴富起来的。由于他们拥有资财,也有时间,所以治园林,品艺术,成为扬州商人的显著特征。李斗在《扬州画舫录》卷五《新城北录下》中就曾明确记录过:昆曲之盛,始于商人黎尚志。他收用了一大批伎艺超群的苏州名优,组成了"老徐班",才使昆曲得以兴盛。

的确,这些富甲一方的商人,由于在艺术海洋中日浸月染,已非附庸风雅之辈可比。他们中不乏"多文采,尤擅音律,丝竹诸艺,靡不冠场"之人(金安清《水窗春呓》卷下《获庄群花会》),其水平不亚于一代文化宗师。如家资巨万的程志辂,好词曲,所录工尺曲谱十数橱,大半为世人不传之本。凡著名伎艺人至扬州,无不争识。有生曲不谙工尺者,就请教他。他的儿子程泽,也工于诗词,而工尺四声之学,尤为其家传。

又如,纳山胡翁,入城订"老徐班"下乡演戏。班头以为他是山林人,故意刁难说:吾此班每日必食火腿及松萝茶,戏价每本非三百两银子不可。这价格是非常昂贵的,谁知胡翁一一应允,班人无奈,只好随着胡翁进山。胡翁是善词曲的,尤精琵琶,日演《琵琶记》全部,错一工尺,胡翁就拍戒尺叱之,班人乃大惭(以上见李斗《扬州画舫录》卷五)。毫无疑问,商人胡翁的文化水平,已远远高出职业的戏剧家。也正是由于有了像胡翁这样痴于、精于戏剧的商人,才使清代的戏剧不断完善,不断提高。怪不得清代京城王府也要到南方聘请教习,采买女孩子,置办乐器行头以演出戏剧呢。

东北冰雪竹枝词撷拾

七言四句的竹枝词是起源于唐代长江三峡的一种吟咏风物习俗的民歌诗体,许多诗人袭仿这一文学样式以记风土时尚人情,如明末清初的东北流人函可曾作过的一首《送梨》:

不重紫花能消热,不善张公大谷希。
只爱关东土上长,汁酸肉涩墨作皮。

函可诗之本意送友人吃梨,但不经意间却以此诗掀起了东北竹枝词的一页,而且与冰雪紧密相关,直到今天,东北人民仍吃这样的"冻梨"。据此,我们可以从往昔的东北竹枝词里找到许多真实可信的冰雪画面,例如署名太素生的《沈阳百咏》中这首:

玻璃照灼日光腾,白纸窗虚结绮棱。
喜可妆来花样巧,晓寒中结一层冰。

太素生还为诗作注道:北地多寒、人家喜洁,窗牖好用玻璃。隆冬之际,多结冰花,并幻作山水人物

清代焦秉贞《堆雪大佛图》

等式。

这不禁使人想起周亮工《尺牍新钞》中的《与薛生弟论画》的一番议论：冬日坐明窗，窗格内纸仅三寸许，日光射蛛丝，影飘其上，度可二寸有余，细尘微封其上。隔窗视之，其窈裊纵送，屈身自如之状，并尘封若有若无，一一肖似。就是真画家也不能作出，想来吴道子、李龙眠诸公也是从这样的"天然画"悟入的。

竹枝词与周亮工的话互证可见：清末民初沈阳的玻璃冰窗艺术由来久矣，已形成了一道独特的审美风景。沈兆堤的《吉林岁时记》则更加以证实：

气晕玻璃水作冰，捋须一笑露珠凝。
琼楼玉宇银铺地，江冻光含雪月灯。

据沈兆堤解释，这是由于吉林省自十月起，家家闭户烧炉，火气熏蒸，气晕窗上玻璃，作人物、花卉、树木、山川形状，夜深火息，即成厚冰，以至形成了"冰窗"艺术。至于"捋须一笑露珠凝"，是当时人出门戴风帽，口气冲须髯，凝作冰块，其实直到今日的东北，也是如此，一旦脱掉帽子则如珠现之散，这倒也颇有谐趣。当时吉林省内已多电灯，明月照积雪，已为奇绝。冰雪再加电灯照耀，银光交汇迸射，周彻素裹，其景象更为内地所无。

连朝风雪水冰坚，立栅江沿受一廛。
凫雉獐狍朝列市，居人争购度新年。

这是沈兆堤的另一首竹枝词，更饶有风味，因为吉林十月江即凝冰，沿江旅店因岸为屋，至是时乃凿冰立栅以做市场，售野凫、山雉、獐狍、鹿麂、鱼蛤等，百姓纷纷购买，以作过冬之用。署

名为觉玄居士的《松江杂咏》则有首竹枝词,说到了"冰栅"另一用处:

> 江冰冻合平如砥,冰檐云骈水院中。
> 列栅居然成旅舍,蜃楼海市媲应同。

这是因为冬季封江后,沿岸住户在冰上列栅为障,架篷为屋,名曰"水院"。四处"扒犁"拉运柴草等物赴省交易,都在"水院"集汇,待春冰将解,冰舍雪房悉拆。这"水院"伴冰雪而存而灭,每年均为如此,真不失为"蜃楼海市"一现。

清末民初黑龙江的冰雪竹枝词,主要为"冰灯",张光藻《黑龙江纪事一百廿首》有云:

> 元宵佳节兴堪乘,吹到江风冷不胜。
> 明月渐高人未散,街前争看寿星灯。

词意是由于上元城中张灯,其中有镂五六尺冰为寿星灯者,中燃双炬,望之如水晶人。这一记述可以和西清的《黑龙江外记》互相印证:"镂五六尺冰为寿星灯者,中燃双炬,望之如水晶人,此为难得。"当时村落妇女都坐着车前往城里观灯,以致"车声彻夜不绝",足见清末民初黑龙江冰灯之盛。

无独有偶的是沈兆堤的《吉林岁时记》亦有一首"冰灯诗":

> 玲珑剔透放光明,一片心同彻底清。
> 仙佛镂空谁得似,美人狮象雪雕成。

沈兆堤所说冰灯,是士大夫家所做,以矾水淋雪成冰,镂八仙、观音等像于薄片,裁以做灯,夜燃烛放光,几如刻楮之乱真,

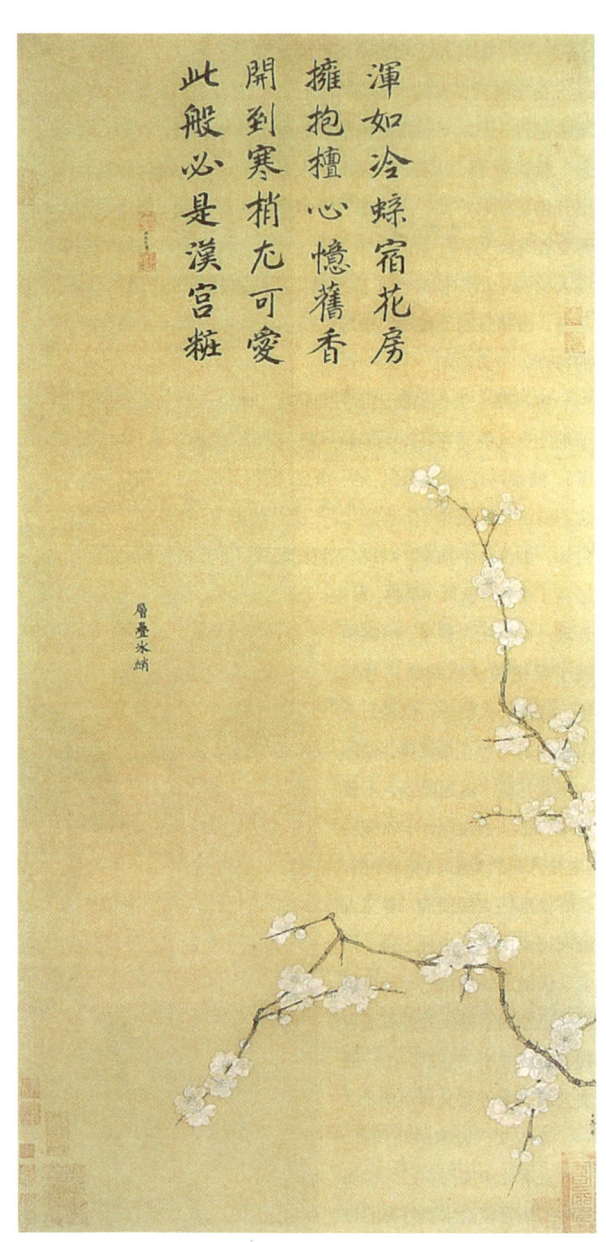

马麟《层叠冰绡图》

其巧妙不可思议,至二三月间方消。这两首竹枝词透露出当时不仅有专为民众欣赏的一般化的水晶冰灯,还有不少可以"乱真"甚至诚为不可思议的冰灯。可见冰灯的雕刻制作在清末民初的黑龙江已达到了一个相当高的水准。

张光藻作的一首咏"扒犁"的诗,则使我们心驰神往起来:

> 扒犁旧制似冰床,屈木为辕两马当。
> 雪地行如飞鸟疾,狗车名号费猜详。

张光藻解释道:扒犁制如"凌床",即清代北京竹枝词常咏的"冰床",不施铁条,屈木为辕,驾两马行雪上,疾于飞鸟,此即古时"狗车"。记得当年我在兵团"屯垦戍边"时,一冬,就是坐着"马扒犁",从营部去连队采访,当时黑龙江上银白一片,不见尽头,皑皑白雪,犹如沃野,"扒犁"直似疾飞,如扒开冰障犁开雪原,那随车展缟带,逐马散银杯的景象,是绝好的冰雪竹枝词的素材。遗憾的是,天寒地冻伸不出手,我未能将飞驰的思绪作录。时至今日,我常想,我们仍需要继续沿袭东北冰雪竹枝词的传统,在远胜往昔的更优美的冰雪景象基础上,再创作出更新的冰雪竹枝词来……

荷叶的启示

在古名物的考证中,许多琐细微小的事物,一旦和社会生活环境紧扣,就会产生更宽泛而又生动的意涵。荷叶就是这样的一例——

从历史角度看,早在《诗经·陈风》就有对荷的吟咏,"彼泽之陂,有蒲与荷。"荷为很古老的水生宿根草本植物,色分红白,夏天开放,生污不染,居水不没,清香可爱。花谢形成莲蓬,内生俗称莲子的坚果,肥大根茎为藕,可食,藕节、荷叶,可供药用。

在宋以前的年代,荷除食用外并未有多少其他功用,只是到了宋代的城市生活时期,荷才产生异彩。仅就处于中原的东京城而言,荷大量种植,以烘托城市优雅的氛围。如"御沟"之内尽植莲荷,在皇家"迎祥池"里,由于有莲荷,使凫雁游泳其间,颇具观赏。特别一入"三伏",赏玩新荷则成为市民生活的一种时尚,尤其是七夕的前三五天,市民往往折未开的荷花,做"假双头莲",引人喜爱……

荷,美化了城市生活的环境,但宋代的城市管理者并未一味地使荷局限在这一方面,而是着眼于使荷也能与市民的日常生活相关,如荷叶成为市民日常生活中的食品包装物,虽然这一现象在宋前就有过,像《北史·李兴传》:"方食,器用不周,言昆明池中有大荷叶,可取盛饼食。"这大概是较早的用荷叶包装食物的记录,时间在北朝。至唐,有零星的这样的诗句,李颀:"青荷包紫鳞",白居易《桥亭卯饮》:"就荷叶上包鱼鲊。"

荷叶包食物之风在宋则全面展开,举凡食物均在荷叶包裹之列。罗贯中《三遂平妖传》第二回说东京城内的永儿去买炊饼,小二哥把"一片荷叶包了炊饼,递与永儿"。也是这一回,永儿可怜一叫花老婆婆,"解开荷叶包来,把一个炊饼递与婆婆"。炊饼为城市下层市民常食,但始终用荷叶包裹,这体现了东京的市民是非常注重饮食卫生的。反映南宋社会生活的话本《济颠语录》真实展现了荷叶包菜的一幕:

济公去毛太尉家尝新笋,吃了大半碗,剩了几块,济公想带回给长老尝尝。太尉道:"此是残剩,另将一盘。令用荷叶包固。济公提荷叶包,作谢。"回到净慈寺,"济公令侍者取一盘来,将荷叶包解开,倾在盘内。"这一细致的描写,使我们了解到宋代市民日常生活将剩饭或菜肴,是用荷叶"包固"的,"包固"必有其法,表明荷叶包裹食物已形成一套程序了。

而且用荷叶包装食品已上升到艺术的高度。《东京梦华录》记立秋时节,灵枣、牙枣、青州枣、亳州枣等各种枣供应东京市场,梁门里李和家卖得最好,其中一个重要原因是市民来买"一裹十文","一裹"是"用小新荷叶包,糁以麝香,红小索儿系之。"这样的荷叶包装艺术谁不喜欢呢?

当然,荷叶包装食品主要着眼于实用。在这方面,荷叶包装油

清代顾洛《婴戏荷花图》

腻食物为最多,这是因为荷叶去油腻又清香的功能较强,史实可以证实,如《海上文苑散忆》:30年代茅盾在上海常常到百富门的三珍斋去购买酱鸡熟食,就是因为它用荷叶包裹,能够保持清香且在夏日不馊坏。

在宋代,不论天气,买卖油腻食物均用荷叶包裹,《水浒传》第三回所描写的渭州的一个小县镇上,鲁智深有意刁难"镇关西"郑屠,让他二次捡十斤精肉,十斤实膘的肥肉,细细地切作臊子,用荷叶包裹。所谓"臊子",乃是细小肉块,如高濂《遵生八笺·臊子蛤蜊》所言:用肥精相半的猪肉,切作小骰块,称之为"臊子肉"。这种肥瘦相间的肉,很油腻,需要用一种清净且易得到的包装物包装,仅就这一点荷叶就最适合了。

西湖老人《繁胜录》告诉我们:临安健壮的汉子,到"起店"去吃肉,吃到三十八钱,吃不了"皮骨",往往"饶荷叶",将皮、骨包裹,携带归家。"饶"乃不花钱索取,为无偿使用。从此可看出临安商家,尤其卖熟肉食品之家,备有大量的荷叶,随时供食客拿用。它折射出了用荷叶包裹肉食在南宋城市生活中的普遍性。所以周密《癸辛杂识》揭露南宋一叫作方回的人如何吝啬,其中一主要行径就是他每接触至亲朋友,必用荷叶包饮食肴核在袖中才回家。一日途中遇客,作揖寒暄,荷叶包坠地,看去是半只鸭子,惹得路人大笑……

事虽荒唐,但却证实了用荷叶包食物已成为城市生活的一种生活方式,并在日常生活中占据了重要的位置。《武林旧事》就记录临安有而他地无的"小经纪""荷叶",它与小梳儿、香药、劈柴、虫蚁食、灯草、蚊烟如此等等一系列与市民日常生活不可分离的小物品件并列,显示了荷叶在城市市民日常生活中的不可或缺。近代

荷叶的诗情画意

北京夏日，用鲜荷叶盖粥，使粥味有荷香而有魅力，不就是宋代荷叶流传的神韵吗？荷叶这一看似无足轻重的细琐之物的使用，既节省了包装食物的材料，又避免了环境污染，值得我们现今的城市管理者学习。

宋江何以成"伟哥"

鲁迅的《中国小说史略》叙述明代"人情小说"时，历数方士因献"房中术"骤贵，文士凭"秋石方"而致大位时指出"方药"的盛行，使社会兴起了"瞬息显荣，世俗所修企羡"的风气。如果我们遵循着鲁迅先生精辟的指析回到明代具体的历史情境中，就会发现当时相当多的书籍记录了这一史实。

《如梦录》曾言：明开封就有各种专卖春药、淫器的店铺，牌匾大书"房中技术""淫器"等，公然布于巡抚、布政、按察诸官署左右……又如较少传本但又可以寻见的明隆庆五年（1571）的《墨娥小录》就记载了一种以宋江命名的丸药，归为"房中秘药"之类，其成分如下：

天门冬　生地黄　川牛膝　蔓荆子

续断去筋　石斛去根　枸杞子　石菖蒲去毛

菟丝子酒浸　五味子　杜仲　蛇床子去皮炒

苁蓉　巴戟去心　地肤子　白蒺藜去刺炒

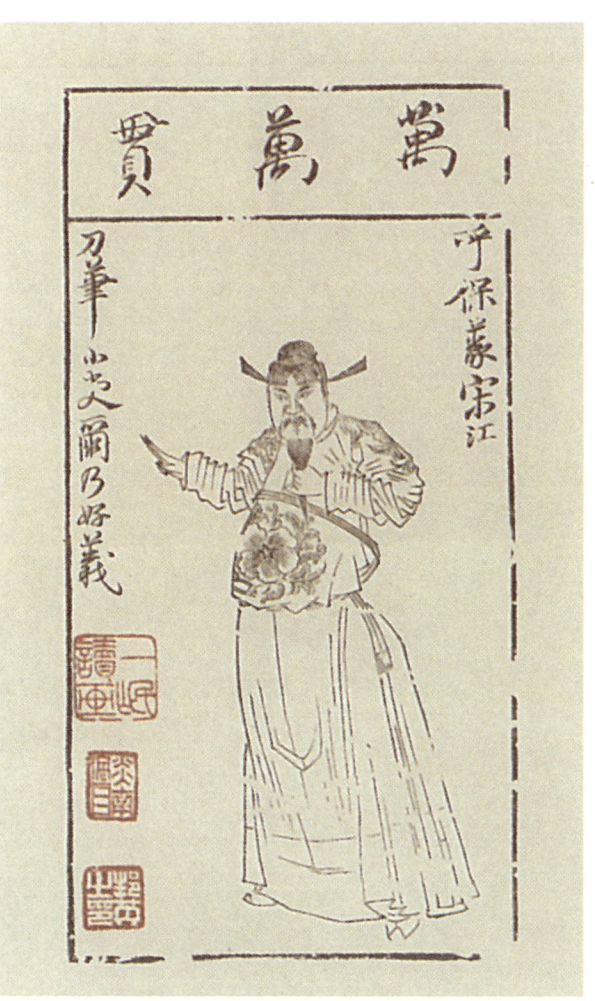

万万贯的宋江娱乐叶子牌

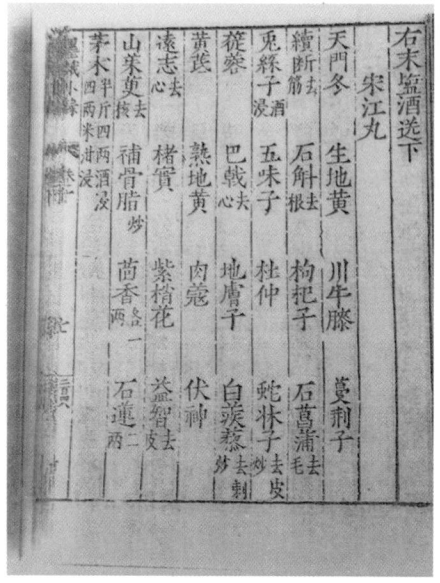

《墨娥小录》书影：宋江丸

右末盐酒送下

宋江丸

天门冬　生地黄　川牛膝　蔓荆子
续断去筋　石斛去根　五味子酒浸　石菖蒲去毛
兔丝子酒浸　五味子　枸杞子　蛇床子去皮
苁蓉　杜仲　地肤子　白蒺藜炒去刺
黄芪　巴戟去心　肉苁蓉　熟地黄
远志去心　楮实　紫檀花　益智皮
山茱萸去核　补骨脂炒　茴香盐一两　石莲二两
茅术半斤四两酒浸四两米泔浸

右末加青盐末二两去皮尖桃仁膏五两胡桃肉膏五两以无灰酒糊和匀石臼内杵二千余下丸梧子大每五十丸加至七十丸空心盐酒或盐汤下已焦蒜蒜蒜等物

良宵短
右末雄雀子丸梧子大阴乾每三丸空心盐酒下乾

晓籨娥九枝　全蝎四十九筒

全不换
晓籨娥不曾作对雄黄盐乾一两

《墨娥小录》书影：宋江丸

黄芪　熟地黄　肉蔻　伏神　远志去心

楮实　紫梢花　益智去皮　山茱萸去核

补骨脂炒　茴香各一两　石莲二两

茅术半斤　四两酒　四两米　泔浸

右末加青盐末二两，去皮尖桃仁膏五两，胡桃肉膏五两，以无灰酒糊和匀石臼内，杵二千余下，丸梧子大每五十丸加至七十丸，空心，盐酒或盐汤下，忌葱、蒜、萝卜等物。

从《本草纲目》等医籍学典角度观察，"宋江丸"所含药物大多为热、辛、温之类。

"天门冬"：味甘，无毒，久服轻身益气，补五劳七伤，润五脏。

"生地黄"：滋阴养血。

"川牛膝"：久服轻身耐志。

"蔓荆子"：疏风明目。

"续断"：续筋骨，调血脉。

"石斛"：养胃生津。

"枸杞子"：滋补肝肾，治腰膝酸软。

"石菖蒲"：活血，散湿。

"菟丝子"：益精髓。

"五味子"：壮水镇阳。

"杜仲"：治腰膝酸疼。

"蛇床子"：浴男子阴。

"苁蓉"：益精。

"巴戟"：治阳痿。

"地肤子"：补气益气。

"白蒺藜"：疏肝祛风。

"黄芪"：补男人虚损，治精冷。

"熟地黄"：补精益髓。

"肉蔻"：暖脾胃，固大肠。

"伏神"：养精神。

"远志"：治滑精不禁。

"楮实"：壮筋骨。

"紫梢花"：益阳治虚。

"益智"：治腹痛，梦泄。

"山茱萸"：辛热，能散能温；苦热，能燥能坚。南人淹藏作果品，或以寄远。宜人食羹中，能发辛香。

"补骨脂"：固精气。

"茴香"：温肾散寒，和胃理气。

"石莲"：坚实脆美。

"茅术"：解郁，辟秽。

"青盐末"：坚肾固齿……

如此药物，可谓"大补壮阳"，但与"宋江"何干？似远甚十万八千里，可是若从明代淫荡已成"时尚"来看，宋江作"房中秘药"又算情理之中。史实告诉我们，宋江为宋代农民起义军首领，有"勇悍狂侠"之风，曾率数十人横行山东、河北，官军数万无敢抗。

但入明以来，宋江却渐从江湖好汉的形象演变成了一位长于刀笔的小吏押司，成了市民百姓最为熟悉常见的公众人物，《水浒传》

专就宋江"及时雨"绰号的内涵加以释扬:"且好做方便,每每排难解纷,只是赒全人性命。如常散施棺材药饵,济人贫苦,赒人之急,扶人之困。以此山东、河北闻名,都称他做及时雨,却把他比作天上下的及时雨一般,能救万物。"

张岱《陶庵梦忆》所记《及时雨》就验证了这一小说家言:他所居"里中"百姓,扮成水浒英雄祷雨,队伍前导就是二面大书"及时雨"的招牌,这一场景有力地印证了宋江的"及时雨"称谓,已化作一种遍及城郭山村、州府县郡的生活方式。既然作为"及时雨"的宋江任何事情都能帮助解决,"房中秘药"用他做号召者和实践者自然是顺理成章。从医药史看,将药物粉末混合调剂成圆粒形的成药丸剂,自汉以来不绝,尤其宋代城市一早就有卖"丸剂"以养生的商贩踪迹,可知丸药已十分普及。

至明,郎瑛《七修类稿》记:自嘉靖二十年起,每年一月,都要日散"丸药六千囊",以济穷困。可见丸药的便宜。而以宋江命药制丸,无非是巧用丸药方便,以使"壮阳"颓风大畅,其制法类近于20世纪世界医学界发明并盛行的"壮阳"妙药"伟哥",所以"宋江丸"方堂而皇之载入《墨娥小录》这般专谈生活琐事的杂书,这在当时毫不为怪,在今天却显新奇,以至可以成为一段谈资,而且完全可以为时下一些空发议论、游说无根的所谓新解《水浒》的雄文提供一份有助思考可资借鉴的材料。

三编 论说

《水浒传》是反映市民阶层利益的作品

《水浒传》是我国著名的长篇白话章回小说。新中国成立以来在几十年的《水浒传》研究中，一直推崇它"反映了农民起义真实的历史面貌"。近年来的评论文章，仍然把《水浒传》说成是"农民起义的教科书"。但使人不理解的是，一部"农民革命史诗"，为什么充满了"早招安，心方足"之类的叛卖语言？如果是地主阶级改良派写的作品，怎么还会有"报仇雪恨上梁山"这样的词句？于是围绕着这些问题，出现了各种各样的说法。

马克思主义认为，文学作品总是要反映一定阶级或阶层利益的。《水浒传》到底反映的是什么阶级和阶层的利益呢？我愿就这一问题谈一点粗浅的意见。

一

我认为《水浒传》是反映市民阶层利益的小说。为了说明这个观点，首先应当考察一下《水浒传》产生的历史背景。

《水浒传》的基本内容，是宋江等三十六人的农民起义。这次农民起义发生在北宋宣和年间，在历史上仅有零星记载。然而，宋江起义的故事却在人民中间广泛流传着。到了南宋，这个传说已移到城市里面。当时不仅画家为英雄图形绘影，说唱艺人也用通俗易懂的白话，为市民讲唱。元代时，表现水浒英雄的杂剧、话本相继出现。其中《大宋宣和遗事》一书已记录下水浒故事，但情节非常简略，文字只有数千，而且水浒英雄的"性格每与在今本《水浒传》中者差违"（鲁迅《中国小说史略》，116页），杂剧的情况也基本如此。相传《水浒传》成书在元末明初，但祖本已不存，缺乏可靠根据。实际上，《水浒传》最早版本是在嘉靖年间问世的。

综上所述，《水浒传》的产生，经历了三个阶段：一、人民群众"街谈巷语"的热烈传播；二、说书艺人对宋江起义故事的加工和再创作；三、作家编撰而成长篇章回小说。《水浒传》漫长的成书过程，是和当时社会上阶级斗争的发展、商品经济的增长、城市市民阶层的壮大等分不开的。这些特点，在宋、元、明三代表现得相当突出；特别是在《水浒传》成书的明朝，更是明显。

明朝初期，政府曾移民垦荒、兴修水利、解放工奴，使农业生产和手工业生产得到很快的恢复和发展。如矿冶、纺织、制瓷、造船等许多手工业，个人或家庭已不能胜任，一般都采取工场手工业的组织形式。"没有工商业人口的增加农业人口的减少，资本主义是不能设想的"（《列宁选集》第1卷，164页），据明史记载，洪武年间南京就已有一百一十九万多人口，城内铺行共一百多种。除南京外，其他商业城市还有几十座，"可是社会的政治结构绝不是紧跟着社会的经济生活条件的这种剧烈的变革发生相应的改变""国家制度仍然是封建的"(恩格斯《反杜林论》,102页)。经过洪武、建文、永乐、洪熙、宣德五朝,六十多年的相对安定阶段,大地主政权的统治充分地加强了。同时,大地主的土地兼并也剧烈地进行,在土地兼并过程中,由于封建剥削迅速加重,使大批农民无法生活而逃亡。"逃民动以万计,扶老携幼,风栖露宿"(《明正统实录》卷一〇二),有的区域竟到了"千里一空"(《明正统实录》卷一七五)的地步。仅成化年间,流民数字就达到一百五十多万人。大多数流民的去向,是选择"田多去处,结聚耕种"(《明正统实录》卷一二一),以反抗官府的压迫。以成化元年刘通、李原先后领导的荆襄流亡农民起义为例,他们竖黄旗聚众,自称汉王,建立年号德胜,分设元帅、国师、总兵,组织了政权。各地流亡农民群起响应,有众数十万,所向披靡,给明王朝及地主土地所有制以沉重打击。

众多的农民离开了土地,流亡暴动,在一定程度上破坏了封建生产关系,相当数量的农民流入城市,成为手工业工人、小商人、雇工或奴仆,形成了资本主义发展的重要因素。新的社会经济关系及其矛盾已经萌芽,封建徭役与实物租税日益为货币所排斥。但是大地主阶级对工商业从根本上还是限制的,封建统治集团为了榨取更多货币,对工商业展开了疯狂的掠夺和摧残,贪官横征暴敛,污吏强加勒索,这就引起了市民阶层和大地主、官僚贵族的冲突。市民阶层饱受封建制度压迫,容易激发出一种极端的反抗狂热,它们中间的封建社会没落成分,和正在萌芽的资本主义成分,都汇拢在反对贪官污吏的旗帜下,一致要求社会地位,要求"个性解放"。但由于资本主义刚刚萌芽,市民阶层还形不成独立的政治力量,所以它只能是特别痛恨和反对贪官污吏,但又经常幻想统治者改变态度,或借外力的帮助来解决矛盾。所有这些,伴随着工商业的发达,城市的繁荣,必然要在意识形态领域里有所表现。正如斯大林指出的,"社会存在怎样,社会物质生活条件怎样,社会思想、理论、政治观点和政治制度也就会怎样"(斯大林《列宁主义问题》,702页)。适应城市居民需要的章回小说、戏剧、讲唱文学在这时大批出现,反映了不成熟的封建性的资本萌芽胚胎状态。这样的经济基础和历史环境,决定了《水浒传》的思想内容。

二

为了证实《水浒传》是反映市民阶层利益的作品,我们还应当用阶级观点和阶级分析方法,对《水浒传》中的主要人物、社会基础、政治路线进行一些分析。

《水浒传》刻画的一百零八将,只有一个农民,那就是第四十一回交代的庄家田户出身,能使一把铁锹的陶宗旺,其余的一百零七人,有贩水银、贩羊马的小商人,手工业工人和说唱艺人,衙门官吏,落魄文人,医生,道士,"亦在泊子里做私商勾当"的渔人,"闲汉",犯罪的下级军官,朝廷将领,沦落的"帝子神孙",等等。好多人一直把李逵当成"封建社会中的人民特别是农民的代表",实际上李逵因打死人,流落江州,做了"牢里一个小卒子",已经非农民化了。如果说李逵还保留着农民的某些性格,这还可以使人接受,但是把他说成"中国劳动人民纯朴、敦厚、坦率等天然的优秀品质"的体现者,这不是实事求是的。

不应否认,古代农民起义的队伍并不十分纯洁,有时不免掺杂着某些反动成分,但是绝不能像《水浒传》这样,全是其他阶层的人充当领袖和骨干,大批的非农民化人物成了主人公。他们没有定居的劳动生活，没有劳动创造的家园，没有对浸透历代祖先血汗的土地的热爱。这些人出入于酒楼饭馆，活动于茶肆客店，狎妓赌博，使枪舞棒，追求的生活是"只顾自己前程万里"；"论秤分金银，异样穿绸锦；成瓮吃酒，大块吃肉"。一言以蔽之，《水浒传》中的起义军没有农民的生活方式，没有农民对土地的要求，这真是咄咄怪事！

众所周知，古代农民起义的革命要求，一向是和土地紧紧联系在一起的。但《水浒传》很少从经济关系方面反映地主、官僚怎样压迫农民，也很少有描写地主与农民阶级矛盾的文字。《水浒传》从八十万禁军教头王进、林冲遭受高俅迫害开始，占据篇幅最多、最精彩的部分全是个人复仇的故事。鲁智深大闹五台山、宋江饮酒题反诗……水浒英雄对社会的反抗，从没超出个人主义的思想范畴。而把这些个人抗争集聚在一起，共同奔往梁山的，则是所谓"义"气。"义"气是封建社会小生产者在斗争和生活中形成的一种道德观念。

《水浒传》所宣扬的"义"气，有其独特之处。明朝文人郎瑛在《七修类稿》里就说过宋江等人所讲的"义"是"非义之义"。从根本上分析，这种"义"气是那些浪迹江湖，做买卖，跑码头的小商人、小手工业者的行动准则，是市民阶层的道德信条。这种"义"气单纯从个人恩怨出发，是以"人性论"为基础的。"义"驱使着梁山好汉，以"士为知己者死"的眼光去处理问题。从阮氏三雄为"义"气而造反，到吴用、花荣为"义"气追随宋江效忠皇帝自尽，这种江湖"义"气成了梁山好汉的精神纽带。它和宋江的"受招安"政治路线混在一起，贯串全书，始终占主导地位。

以宋江为代表的"受招安"路线，在小说中是表现得很突出的。宋江是起义军的中心人物,全传一百二十回,有五六十回目是以宋江为主角而编写的。可以说,宋江对起义运动的开始、发展和结束都起着决定性的作用。从前七十回的故事情节来看,作者通过宋江等所表现出来的思想观点,已为"受招安"埋下了伏线;到第七十一回,宋江在菊花会上公开提出只愿"早早招安,别无他意"的主张,那就更明显了。

宋江一伙不惜用重金"钻刺关节",拜求皇帝姘妇出力,乞援殿前太尉宿元景、济州太守张叔夜的策助,只愿求"一道招安赦书"。果然"天子宽仁厚德","将宋江等大小人员所犯罪恶尽行赦免"。宋江一百零八将也欣然打起"顺天""护国"的旗号,跪倒在皇帝脚下。紧接着,他们为皇帝"收伏辽国之贼",征剿"作乱"的田虎、王庆、方腊等农民起义军,"宋江重赏升官日,方腊当刑受剐时",他们一直把"受招安"的道路走到了尽头。

纵览史册,像《水浒传》描写的这种以杀贪官污吏为目的,丝毫不主张减轻徭役赋税、不主张夺取土地的"农民起义",还从来没有过。这绝不是真正的农民起义。有的评论文章不正视这一历史事实,牵强附会地说:"宋江和他的伙伴们的这种局限,乃是农民起义不可避免的。"

我们承认,古代的农民革命运动是有时代限制的,他们不可能对封建主义进行科学的阶级分析,但是毕竟还可以认识和分辨出什么是"造反"与投降。当然,封建社会里的农民起义必然失败,这是历史的局限性。但这并不决定他们总是要投降。革命性是农民阶级最主要的本质。"受招安"无论从哪个方面来说,都缺少典型意义。怎么能把"受招安"说成是"不可避免"呢?这个结论,有多少充分的根据呢?

马克思主义告诉我们：由于农民群众处于小生产者的地位，是不可能彻底推翻封建主义制度的。一般说来，他们总是反对旧的坏皇帝，而拥护新的所谓"好皇帝"。然而，梁山起义军却是拥护坏皇帝，主动放弃斗争，还协助封建统治者镇压其他农民军，这就不是一般的农民起义军的历史局限了，而是对历史的反动。还是鲁迅先生说得好："一部《水浒传》，说得很分明：因为不反对天子，所以大军一到，便受招安，替国家打别的强盗——不'替天行道'的强盗去了。终于是奴才。"（《鲁迅全集》第4卷，123页）这个评价一针见血，我们研究《水浒传》时应当加以思考。

三

《水浒传》问世已经五百多年了。五百多年前的明代，是社会阶级矛盾空前激化的时期，成千上万的农民揭竿而起，"几危宗社"。市民阶层反压迫的斗争，如火如荼。一切旧基础的急剧破坏，引起了《水浒传》作者对周围事物的注意，"加深了他对这一切的兴趣，使他的整个世界观发生了变化"（《列宁全集》第16卷，330页），并成了这个伟大历史潮流的表现者。《水浒传》的产生雄辩地证明，在封建社会中，封建阶级的思想并不是影响文学发展的决定因素。在历史发展的特定阶段，新兴的社会力量，能够把他们的思想倾向体现在文艺作品之中。

《水浒传》这部小说，以宋江等三十六人横行河朔事件为原始素材，根据市民阶层的理想，着重地表现了市民阶层的反抗思想和行为，并且描写了市民阶层和某些农民出身的人物被"逼上梁山"的情景，这在封建社会里是难能可贵的。《水浒传》作者塑造了不少个性鲜明的人物形象，概括了市民阶层的生活、意识和斗争，显示了各种社会力量和矛盾斗争中的各种人物。封建社会的贪官污吏，官府衙门，恶棍暴徒，文人学士，在作者笔下遭到了嘲讽和鞭笞。在林冲棒打洪教头、景阳冈武松打虎、宋公明三打祝家庄等章回，作者冲开了儒家"纲常伦理"的羁绊，表达了朴素的辩证法思想。这些都是应予以肯定的。

但是《水浒传》作者的社会立场，决定了他只能专写一个以"受招安"为最终目的，实质是市民阶层而不是农民阶级的起义。这正是由于作者所处的时代条件而产生的谬误和偏见。对于这样一部古典文学作品，抬高或苛求，都是违反历史辩证法的。遵照列宁关于每一个民族都有"两种民族文化"的指示，用辩证观点全面地考察《水浒传》，就会得出这样一个结论：《水浒传》不是以宣扬封建思想为主的儒家作品，它在冲击封建意识形态方面，有着不可磨灭的历史功绩；但它也不是以描写农民起义为主，体现了农民阶级革命思想的作品，而是一部反映市民阶层利益的小说。不加分析地全部肯定《水浒传》，或者全部否定它都是错误的。

必须指出，在修正主义文艺黑线把持下，有许多评论文章未能对《水浒传》进行阶级的、历史的、科学的分析。有的文章虽然指出《水浒传》是市民文学，但仍然认为它正确地反映了农民阶级的起义。也有的文章是从《水浒传》中的低级趣味来肯定它是"市民文学"的。这就把农民的革命性和小说所表现的市民阶层思想混淆起来了。

事实上，中国封建社会中的农民阶级，本质上是革命的，他们是封建社会中推动历史前进的动力。我们不能让一部反映市民阶层利益的小说，被当成"农民起义的教科书"继续向人们推广。是非不容颠倒，错误必须批判。以马克思主义的原则，还《水浒传》以本来面目，这是摆在我们面前的一项战斗任务。我们要遵循毛主席指示的"古为今用"的原则，把《水浒传》当成历史来读。

从这部小说中可以考察并认识到中国封建社会中资本主义的萌芽，市民阶层的形成，市民阶层与农民阶级的区别，市民阶层在反抗封建压迫时的二重性等一系列问题，有助于当前我们在学习毛主席关于理论问题的重要指示时去用辩证的观点认识社会，弄清人民群众对历史发展的推动作用。从广义上来说，这对于今天我们为巩固无产阶级专政而斗争是不无益处的。

由于篇幅所限，本文只能就《水浒传》是一部反映市民阶层利益的作品这一问题提出初步的见解。关于《水浒传》的思想及艺术的全面评价，还有待于大家继续展开讨论。

再论《水浒传》是反映市民阶层利益的作品

自 1974 年以来，学术界对《水浒传》是部什么样的书展开了评论。笔者为了弄清《水浒传》真正的历史内容，也对《水浒传》进行了一番认真的研究。但不能理解的是，这部被人们尊崇为"农民起义的教科书"，竟然从头至尾肯定、赞美"受招安"。如果是地主阶级改良派写的作品，怎能有"行藏有义真堪羡，富贵非仁实可羞"这样宣扬个人道德的民主思想！《水浒传》究竟反映了谁的观点呢？遵照分析任何事物要把它"提到一定的历史范围之内"的马克思主义理论的绝对要求，我注重了对《水浒传》是在什么样的社会基础上，及能够使它产生的经济条件进行了考察。我的研究使我坚信：北宋宋江农民起义仅仅是促使《水浒传》问世的一个重要源头。而自南宋以来长足发展的城市和商品经济，文学传统的演变则是塑造《水浒传》人物和故事的滚滚激流，推动着《水浒传》在特定的历史环境中，犹如长江大河奔涌而出。质言之，《水浒传》产生时期是中国封建社会资本主义萌芽孕育滋长的时期。倘若脱离了对宋元明三代市民阶层的研究，就无法廓清《水浒传》中许多荒唐混乱的现象，也就容易忽略历史的真相。基于这样的认识，笔者发表了一篇"《水浒传》是反映市民阶层利益的作品"的论文，对《水浒传》表示了自己的一点不成熟的看法。然而，在"四人帮"称霸文坛的境地，"市民说"却被扣上"错误观点"的帽子。我只好默默地盼望着能够畅所欲言的那一天的到来。

转眼间已经过去六个年头了。围绕着《水浒传》又出现了各种各样的说法。如"反皇帝倾向是明晰和肯定"说，"宣扬投降主义，歌颂投降派，是《水浒传》作者的主要倾向"说，等等，使人对《水浒传》的认识更加迷惑。因为这样的评论显然与贯穿《水浒传》始终的"望天王降诏，早招安，心方足"的叛卖描写是大相径庭的，也无法说明《水浒传》流露的"仗义疏财归水泊，报仇雪恨上梁山"的狂热复仇精神。历史已经确凿地证明，把几种东西混为一谈，是站不住脚的。笔者有感于此，加上近年来在对《水浒传》研究过程中，又积累了些新的看法和体会，愿再次提出"《水浒传》是反映市民阶层利益的作品"的观点。

奉劝某些一看见"市民阶层"就联想到欧洲"第三等级"的同志们，及认为《水浒传》彻头彻尾代表"农民起义"的研究者，不要固执己见。让我们以冷静的辩证唯物主义、历史唯物主义态度，从市民阶层这一新的角度去考虑对《水浒传》的评价，或许能把《水浒传》从自相矛盾的释说中解脱出来。这就需要一面结合《水浒传》问世的时代背景，用那种文学归根结底是由经济因素所制约的眼光去解剖《水浒传》；一面对《水浒传》中所流露的思想、人物、情节进行具体的、实事求是的而不是从农民起义这一概念出发的分析。从历史出发考察《水浒传》，这是《水浒传》研究的基本出发点。但是，广阔的大海一杯水不能穷尽。我只能把笔锋限制在《水浒传》是反映市民阶层利益的作品的有关线索的叙述方面，和一些粗浅的综合分析方面，但愿我能做到这一点。

一

翻开《水浒传》，映入眼帘的是全书"引首"的一首词："试看书林隐处，几多俊逸儒流。虚名薄利不关愁，裁冰及剪雪，谈笑看吴钩。……"这显然是生活在城市里的文士们的自我写照。它冠于《水浒传》之首，昭示着《水浒传》与书会中先生们的关系。而为了彻底了解《水浒传》，恰恰不能无视这首词所提示的这一点，有必要作一历史的探索。

从《水浒传》故事开始流传的南宋都城临安来看，"民物阜蕃，市井坊陌，铺席骈盛，数日径行不尽"（《梦粱录》卷19，《塌房》），"买卖昼夜不绝"（《梦粱录》卷13，《夜市》），"城内外有百万人家"（《繁胜录》），"盛时已达三十九万户，计有一百二十四万多人"（《梦粱录》卷18，《户口》）。这么些居民，其成员参差不齐，其知识水平不尽相同。但由于生活在一个笼罩着"效学汴京气象"（《梦粱录》卷18，《民俗》）的环境里，即使处在城市最底层的市民，也对文化娱乐有所追求。适应市民阶层这种需要的各样场所纷纷出现。"书会"与"乡校、家塾、舍馆"，"每一里巷须一二所，弦诵之声，往往相闻"。（《都城纪胜》，《三教外地》）

那么，"书会"是干什么的？《水浒传》有两处提到了"书会"的作用。一是第四十六回石秀杀死和尚裴如海。"后来蓟州城里书会们备知了这件事,拿起笔来,又做了这只《临江仙》词,教唱道。"一是九十四回有段言语:"看官听说,这回话都是散沙一般,先人书会留传,一个个都要说到,只是难做一时说,慢慢敷演关目,下来便见。看官只牢记关目头行,便知衷曲奥妙。"

可见,"书会"是专为市民服务的文学团体。"书会"里的"先生",把市民阶层中发生的事情,特别是把最受市民欢迎的"说话"予以艺术加工和编撰,以维持自己的生活和满足广大市民对文化的渴求及业余的消遣;而《水浒传》正是在这样的过程中慢慢形成的。"事事集成忠义传,用资谈柄江湖中"。《水浒传》中这句诗为《水浒传》的由来做了清楚的注解。

从接近《水浒传》古本原貌的百回本来看,除七个章回外,其余九十三个章回都以"话说"开头的。至于"且说""再说""却说""话休絮繁""话中不说""话分两头""且把闲话休题,只说正话"等"说话"用语,在《水浒传》中比比皆是。此外,《水浒传》每回都以对偶的回目,概括全回的情节和内容,既便于说话讲叙,又可使人提纲挈领,一目了然。这反映了"说话"向"话本"演变的痕迹。它的每一个章回又可以作为一个独立的故事成篇。

如果以人物论,《水浒传》完全可以分出《鲁智深传》《武松传》《宋江传》《杨志传》等。事实证明,从《水浒传》故事最初有时,《水浒传》中的英雄,如孙立、鲁智深、武松、杨志就是自成一种说话题材,分为"公案""朴刀""杆棒"类,由"说书艺人"向市民们说讲的。(《醉翁谈录》卷之1,〔甲集〕)可惜,这些"说话"底本已不存。但"公案""朴刀""杆棒"系"说话"中的一个"家数"。(《都城纪胜》,《瓦舍众伎》,《武林旧事》卷6,《诸色伎艺人》)亡命于江湖的豪侠,仗义勇为,除暴安良,经官动府是它的主要内容。

质言之，从南宋有"水浒"故事起，《水浒传》的矛盾主线，即大部分故事情节的基调就已经定好了。

虽然《水浒传》其他英雄人物的"说话"资料甚少。可是，"宋江事见于街谈巷语，不足采著。虽有高如李嵩辈传写"记载得知（周密《癸辛杂识·续集》），带有浓厚的传奇色彩的宋江三十六人的起义，以"群盗"的形象在市民阶层中广泛说传着。与此同时，在北方的金国也有"水浒"故事或"说话"在流行。（1941年《图书季刊》，新第3、4期合刊）这一判断颇符史实，可以成立。

目前我们看到的历史上最早的水浒话本——《大宋宣和遗事》里的《梁山泊聚义本末》就是这样的一篇文字。这篇话本，并缀之处，"灼然可见"。（鲁迅《中国小说史略》，100页）宋江其人，粗略体现。三十六人聚义的地方不是山东的梁山泊，而是太行山梁山泊。又有了受招安，征方腊情节。其源盖出于平民爱拔刀相助的英杰，士兵乐闻烧杀征掠的"说话"，皇帝愿意听农民军"受招安"之事。那些"遨游湖海间"（陶宗仪《南村辍耕录》卷28）的说书艺人，为迎合各方面的听众的兴趣，他们必然要创作出一个综合南北方水浒说话的话本提纲。

它证实了宋代的阶级斗争并不是产生水浒故事的唯一的和重要的根源。在农民和地主两大阶级分化出来有别于封建主义的市民阶层，是它迅速传扬的决定力量。而人民群众，包括一部分达官贵人对文艺欣赏的习惯，文学自身发展的规律，则是促使《水浒传》故事向更高一级境界演变的内在因素。从水浒戏蓬勃兴盛的元代，更可以雄辩地说明这一点。众所周知，四折一出，兼有说唱、表演特点的元杂剧，也是由流落在畸形发达的都市里的文人，为适应市民阶层新的欣赏口味而积极创作出来的。

水浒戏的繁荣，在很大程度上，是继承和发展了宋、金时代水浒故事的传统，着重歌颂了市民和其他劳动群众所熟悉的宋江、吴用、李逵等英雄人物，杀富济贫、反抗强暴、注重情义等为中下层市民所津津乐道的品德。这些形象还很粗糙，"性格每与在今本《水浒传》中者差违"（鲁迅《中国小说史略》，166页），但水浒戏中的英雄人物，毕竟比"说话"中的水浒人物成熟了。他们组成了一座生气勃勃的"群雕"，为水浒人物的画廊奠定了初起的形体。许多杂剧作家满腔热忱地施展才情，还为这些水浒英雄矗立了"纵横河港一千条，四下方圆八百里"（《水浒戏曲集》第一集，1页）"搭造起百十座水兵营""聚百万军粮马草"（《水浒戏曲集》第一集，62页，8页）的雄伟的水泊梁山的天地。

水浒戏开描写梁山泊之先河。并把一些性格鲜明的梁山好汉形象搬上了杂剧的舞台。对形成长篇巨制的《水浒传》，作了一次巨大的推动。可是，一种具有新的社会意义的文学样式的出现，绝非一朝一夕可就。为市民赏心悦目的水浒故事和杂剧，进入明代便像西沉的夕阳，只在人们眼前放射耀眼的光辉，升腾起一片彩霞了。

原因是以朱元璋为首的明政府，起初对意识形态编织了一张密密的网，使"台阁体"的诗词文赋充斥文坛。然而，石在，火种不会灭。以话本与杂剧为代表的市民阶层作品，经过长时间的考验，以博得千百万人喜闻乐见为其后盾，在如磐的暗夜中缓缓地运行，特别是久为人民所神往和敬仰的水浒故事和水浒英雄形象，继续在民间，由说唱词话向散文语体繁变辗转着（徐谓《徐文长佚稿》卷四，《吕布宅诗序》），在自成系统的、主要闪烁着庙堂文学光泽的莽林中开辟着自己的路。是的，每一个民族，都会有两种风格的文化。随着市民阶层的成长壮大，行将分崩的封建主义文学的"廊庙"，难以承受这个社会力量带来的一股新风的鼓荡,尽管它还很微弱。

可是,民主性的精华,现实主义的创作方法,凝结着人民智慧的出神入化的艺术技巧,必将酝酿成划时代的突破。谁来充当这个表现者?整个社会都在选择,那种以平常口语,夹杂浅近大众化的文言,兼有凝练生动、散韵并用的水浒文学,可以赢得各阶级、各阶层的欢迎。于是,在嘉靖十八、十九年间,武定侯郭勋主持刊刻了据传有一百卷的《水浒传》。自此以后,私家、书坊、府院纷纷刻印《水浒传》,各种版本,不下十余种。它意味着市民阶层创作和喜欢的语体文字已告成熟,《水浒传》作为一个时代的文学标志,终于出现在人世。

二

如果把《水浒传》作者比喻成具有绝妙技艺的高等画师,一点也不过分。在他的笔下,《水浒传》像一幅包罗万象的历史长卷轴画,舒展开来,热闹的县城小镇、森严的官府衙门;依山傍水的大庄院里舞棒比武的好汉,一派平川旷野上的队队盔甲鲜明的军将……一帧帧传神的图景,使人目不暇接。倘若细细看去,则又会发现城镇的生活斗争风貌开这幅气魄雄大的画卷之端。茶坊、兑坊、酒店、面店、肉店、客店、棺材店、生药铺、铁匠铺、绸缎铺、弓箭铺,"一百二十行经商买卖",应有尽有。勾栏瓦舍、寺院庙宇、华堂大厦、子女金帛,很难找出一处真正的农村景象。看得出来,《水浒传》作者兴趣是在城市,也是熟的关系,他写这方面才活灵活现。

鲁智深拳打"镇关西",绘声绘色;武松杀嫂复仇,呼之欲出。尽管书中出现了渔民阮氏三雄，猎户解珍、解宝，打柴为生的石秀等人，但更多却着重表现了贵族地主柴进、商业财主西门庆，将门后裔、闲汉、奴仆、乞丐、娼妓、裁缝，还有灯匠、铁匠、银匠、木匠、文笔匠、刻碑匠、刺花匠、造船匠、卖酒的、卖菜的、卖果品的、卖炊饼的、贩枣的、贩羊马的、贩生药的，唯独找不到一个像样的农民形象。

几个愤世不平的英雄人物，出现于熙熙攘攘的小市民洪流之中，他们手刃专在街上行凶撞闹的泼皮，拳打侵人资产的恶霸；他们羡慕"论秤分金银，异样穿绸锦；成瓮吃酒，大块吃肉"的快活生活，说誓聚义智取万贯钱财，也有因个人家庭的纠纷怒杀亲眷而走上去梁山的坎坷路径……《水浒传》作者独运匠心，把鲁智深、武松、宋江、杨志等人放在画面的显要位置上，挥动蘸饱浓墨的大笔，着力地展现了他们的个人的命运，个人的抗争，以及围绕他们所不可少的生动场景。

市井酒楼上的痛饮，仗义疏财的豪侠举止，向压抑自己的势力宣泄不满情绪的题字，进水泊走曲线升迁道路的心理……这些一直被某些研究者推崇为"农民起义的英雄"们，生活场所经常变换，根本没有对土地的热爱之情，更缺乏农民的那种劳动的逻辑和劳动的道德。连最具有劳动人民特点的阮氏三雄，也是在"泊子里做私商勾当，"甚至平日里因赌博"输得赤条条的"。

总之，《水浒传》中的一百零八人，几乎没有一个不向往钱财和追求社会地位的。他们"造反"的动机很少由于地主阶级的压迫和剥削，往往是出于对阻挡自己出路的贵族不满。而没有对土地的要求，也就不可能像农民为了夺田、抗租、减轻赋役而群起反抗"官家"。虽然梁山好汉都表现了对黑暗社会现实的轻蔑和仇恨。但这种揭露、讽刺和争斗的思想实质是个人主义的，其社会基础相当狭隘。武松到张都监家报仇，连马夫、丫环也不放过，竟杀死十五人！石秀为了洗清不白之冤，设计残杀了迎儿和嫂嫂。其他如宋江、林冲等主要人物，在被"逼上梁山"前也都是不肯放弃自己意志的独立反抗者。

而把这些人"如念珠子，个个串连"在一起的则是被《水浒传》作者鼓吹到白热化程度的"义气"。鲁智深为"兄弟义气"，大闹野猪林。武松为"英雄义气"，怒打蒋门神。林冲"仗义"火并王伦，李逵"忠义"效敬宋江。真可谓无处不有"义"，无美不归于"义"。"义气"作为水浒英雄们信奉的最高道德准则，和农民阶级的乡土亲邻所制约的"义气"有所不同。它不分等级差别、不分天南海北，只注重个人的恩爱情意。"千里面朝夕相见，一寸心死生可同。"

梁山泊好汉的"义气"，大大跨越了那种单一的生死相托，患难相扶的道德范畴，它包含着新的思想意识——人与人要平等，朋友要讲友谊。"义气"作个人团结的纽带，已成为流动海内的水浒"哥们"冲击封建制度的思想武器。闪烁着人道主义的光亮。尽管它是以封建形式出现的，和《水浒传》中其他处于"萌芽"状态的思想意识，流露着粗简、狂肆、幼稚的成分，但就其思想本质而言已和封建主义伦理道德观念不相容了。"表现为对陈旧的、日渐衰亡的、但为习惯所崇奉的秩序的叛逆"（《马恩全集》第21卷，330页），《水浒传》中许多事物不正是如此吗？

就以《鲁智深大闹五台山》为代表。你看，鲁智深嘴上说："洒家情愿做和尚"，但既不愿剃光头发，又不愿记"三皈""五戒"。夜间净手，"只在殿后撒尿撒屎"。他竟然违反佛家规定，喝得酩酊大醉，酒兴上来，打倒了文殊院的两尊金刚塑像，使长老也束手无策，"休说坏了金刚，便是打坏了殿上三世佛，也没奈何"，而鲁智深却大叫道："直娘的秃驴们！不放洒家入寺时，山门外讨把火来烧这个鸟寺！"结果鲁智深进得僧堂后，便到禅床边大吐，甚至把僧衣也撕坏了，并拿着狗肉往别的和尚"嘴边塞将去"，惹得"满堂僧众大喊起来，都去柜中取了衣钵要走。此乱唤作'卷堂大散'"鲁智深也，"推翻供桌，撅两条桌脚"，"直打到法堂下"。把一个"文殊菩萨道场，千百年清净香火处"的五台山"搅得众僧卷堂而走……"

这么大胆的言论举止，绝不会蓦地从《水浒传》作者头脑中蹦出，在花和尚身上洋溢着摆脱封建礼法条规的放荡思想倾向。正是新的社会条件、新的社会思潮作用于《水浒传》作者的产物。它代表着中下层市民阶层反对尊贵僧侣的激烈情绪。在《水浒传》中绝不仅一处是这样，普遍的是对官府衙门的态度上，更充分表示其市民性。如第四十一回，宋江计划去捉害人的黄文炳，书中交代情况："黄文柄有了嫡亲哥哥，唤做黄文烨，与这文炳是一母所生二子。这黄文烨平生只是行善事，修桥补路，塑佛斋僧，扶危济困，救拔贫苦，那无为军城中都叫他黄佛子。这黄文炳虽是罢闲通判，心里只要害人。胜如己者妒之，不如己者害之。只是行恶事，无为军都叫他黄蜂刺。"于是，宋江定好了打击的对象："只恨黄文炳那贼一个。""他兄既然仁德，亦不可害他。休教天下人骂我等不仁。"果然，打进无为军后，"把黄文炳一门内外大小四五十口尽皆杀了"，并放大火烧了黄文炳的家。"只隔着中间一个菜园"的黄文烨家一根毫毛也没动。

《水浒传》作者如此区别对待，精心选择和处理这一细节，无亲身体验是发不出来的。因为在那政治腐败的年代里，市民直接感受到贪官污吏的压抑，财产和生命安全经常受到威胁和吞夺。所以，他们对昏聩无能的官吏非常痛恨，极力反对压迫他们的个别的酷吏赃官，盼望着有像《水浒传》第十三回中出现的"姓时名文彬"，"作事廉明"的那样"父母官"来保护他们。《水浒传》作者之所以把民间传说中"勇悍狂侠"（陈泰《所安遗集补遗·江南曲序》）的农民领袖宋江写成一个"刀笔精通，吏道纯熟"的县衙门押司，说他"有养济万人之度量"，"把他比作天上下的及时雨一般，能救万物"。也正是希望塑造宋江这一形象能够在客观上对市民阶层有好处。

反之，对那些危害市民利益的行为和人，《水浒传》作者却是深恶痛绝的。如《杨志东京城卖刀》一回，作者借杨志手杀了一个扰乱"社会治安"的泼皮"牛二"，杨志因此得到市民的承认和爱戴。"天汉州桥下众人，为是杨志除了街上害人之物，都敛些盘缠，凑些银两，来与他送饭，上下又替他使用，推司也觑他是个单身的好汉，又与东京街上除了一害，牛二家又没苦主，把款状都改得轻了。"在这里，《水浒传》作者运用彩笔，在杨志头上涂绘了一个耀眼的光圈。他煞费苦心地向人们树立杨志这样一个勇于为市民除害的楷模，还有意让此事发生在北宋的首都，使杨志杀人行为受到当局的赞许和保护。鲜明地表示了市民阶层憎厌损害他们利益的倾向性，曲折地倾诉了市民阶层幻想官府衙门乃至皇帝王公，给他们以庇护和提拔，求得生存和发展的心声。这种心声起初是个别的、分散的，不细细辨认，不易发觉。但随着《水浒传》情节深入发展，越来越明白，形成贯串《水浒传》全书的思潮。到第九十回，宋江用两首诗做了清楚的说明：

一声低了一声高,嘹亮声音透碧霄。
空有许多雄气力,无人提处漫徒劳。

玲珑心地最虚鸣,此是良工巧制成。
若是无人提携处,到头终久没声名。

宋江诗确尽画龙点睛之妙,它集中地代表了这支农民起义军,希望官府中"有识之士"的赏识来改变自己道路的真实思想。"遇宿重重喜,逢高不是凶。"九天玄女授予宋江的"天言",早已规定了梁山起义事业所能达到的程度。归纳起来,可成定论:"只反贪官,热爱清官,忠于皇帝,以求进展。"《水浒传》的一切不都是围绕这一主题进行的吗?造反和厮杀,只是为达到"显图形于台阁"的手段。刀剑闪亮,人吼马嘶不过是描写农民军不可缺少的场面陪衬上去的。

小说真正的意图则是隐藏在这些人物和故事后面的作者的"专等招安,为国出力"之情。《水浒传》后三十回体现得十分明显。梁山起义军在两赢童贯、三败高俅,唾手可夺彻底胜利的情况下,竟主动去谋求"诏书"而拜倒在皇帝脚下。然后以封建统治者深为倚重的骨干力量去征服了"犯境"的辽邦。在梁山起义军的归宿上,《水浒传》作者做了一个表面矛盾、实质统一的处理。

首先《水浒传》作者让梁山好汉与方腊农民军互相残杀,到班师回朝时,"十去其八矣!"农民以后不至于闹乱子了,"已殁于王事者,正将偏将,各授名爵",真是两全其美。对于途中离开者,如燕青等人,《水浒传》作者也都做了充分肯定,"知进退存亡之机",并赋诗一首:

> 略地攻城志已酬,陈辞欲伴赤松游。
> 时人苦把功名恋,只怕功名不到头。

诗好像在道内心的苦衷,其实在为最高统治者"死而无怨"做一铺垫。"卒章显其志",《水浒传》作者在最后一回里,对弥漫全书"只反贪官,热爱清官,忠于皇帝,以求进展"的思想内容做了经典性的总结。高俅四奸"共为谗语惑徽皇",设计谋害"忠良之士"。宋江乃叹曰:"得罪何辜!我死不争。"逝世之后,皇帝在李逵叫骂声中"撒然觉来",立即"展转心疑,龙体不乐"。而宿太尉这个"清官"形象仍然在保护被陷坏的宋江、李逵等。终尾之时,"上皇具宿太尉所奏","于梁山泊起盖庙宇,大建祠堂,妆塑宋江等殁于王事诸多将佐神像。敕赐殿宇牌额,御笔亲书'靖忠之庙'"。

> 天罡尽已归天界,地煞还应入地中。
> 千古为神皆庙食,万年青史播英雄。

封建王朝将官所能享受到的,梁山好汉都享受到了,还有什么矛盾可言?"凛凛清风生庙宇,堂堂遗像在凌烟。"这正是力图挤进官僚行列中的人追求达到的目的。不能不说是"男子平生志已酬"了!而所有这些,构成了《水浒传》"把激昂之情同庸俗之气滑稽地结合在一起的"(《马恩全集》第4卷,322页)特色。无论如何也抹不掉市民阶层两面性的痕迹了。

三

《水浒传》是我国第一部长篇白话章回小说,它酝酿于南宋,在元代略有梗概。它像躁动在封建文化母胎中的婴儿，经过两个世纪多的孕育时光，正式刊行于明代的中叶。（相传《水浒》成书于元末明初。其说来自清代周亮工《因树屋书影》，卷1：《水浒传》相传为洪武越人罗贯中作，又传为元人施耐庵作，可事实上到现在，谁也没看见元末明初的《水浒传》祖本。明嘉靖十九年郭勋主持刊刻的《水浒传》，是我们看到的《水浒传》最早的版本。根据文学发展的状况，元末明初也不会出现像今本如此成熟的散文语体的《水浒传》。）

宋元明时代，是人们通常所说的中国封建社会的后期。由于农业在前朝生产基础上获得了极大的进展，为整个社会的消费提供源源不断的原料，社会的需求水平逐渐提高，推进了商品生产与商业经济的高涨。越来越多的人在生产稳步上升的历史趋势下，开始了另一种生活。

南宋"郑四客，台州仙居人。为林通判家佃户，后稍有储羡，或出入贩贸纱帛海物"（《夷坚志》卷13，《郑四客》），"湖州人陈小八，以商贩缣帛致温裕"（《夷坚志》卷40，《郑小八子债》），"曹州定陶县之北有陂泽。居民其傍者，多采螺蚌鱼鳖之属，鬻以赡生"（《夷坚志》卷6，《定陶水族》）。

元朝农民有的"因下番买卖致巨富"（《辍耕录》卷27，《金甲》），有的"卖菜"糊口（《辍耕录》卷11，7页），有的转变为专供市场需要的手工业者（《辍耕录》卷9，5页），还有的"家贫不能出租，以输主，乃将以所佃田，转质于他姓""即所偿钱为豆乳，酿酒货卖以给食。久之，不复乏绝，更自有余"（《辍耕录》卷13，11—12页），有的沦为两手空空的仆役（《辍耕录》卷7，10页）。

到了明代，农民"多不务穑事，出营四方，至抛家觅于利"（《新镌武备全书》卷1，《江西》），"竞趋商贩而薄农桑"之事连绵不绝。

《天下郡国利病书》原编第 11 册,《淮徐》)明中叶时,"大抵以十分百姓言之,已六七分去农矣"。(何良俊《四友斋丛说》四)随着时代的前进,一般的民生日用必需品和农具生产增多(《天工开物》),矿冶业的发达和工商业的显著加强,使白银顶替纸币、铜钱,成为全国通行的货币(《宋史》卷180,《食货下二·钱帛》。《宋史》卷180,《食货二会子》。《元史》卷93,《食货一钞法》。《明史》卷81,《食货五钱钞》)。

蓬勃增长的商业经济,刺激着地主阶级更加贪婪地掠夺财富,迫使土地状况激化,农民不得不掀起一次次声势浩大的对统治者武器的批判运动,越来越多的工商业者也参加其中(《宋会要》《兵13之39》),使反抗运动似狂飙突起,愈演愈烈,摇撼了封建王朝的罪恶统治。而宋元时代的异族入侵,更是如石沉海,激起了汉民族爱国主义的万丈狂澜,这是历代阶级斗争从未有过的新特点,自给自足的经济体制跟着动荡的风云不断变改,大量的农民离开乡村,涌入了大都市和连接兴起的众多的城镇里。(参照《太平寰宇记》范成大《吴船录》卷下)

历史舞台上频繁地出现了以商品生产者和商人为主的市民阶层的活动,他们以其脱离人身依附关系的自由雇工等种种微弱的幼芽(《宋会要》等屡屡出现自由雇工的记载),在沉闷的封建制度泥潭中挣扎而出。所有这些,使一向以政治、军事为中心的城市,尤其是南宋、元、明的首都呈现出与北宋以前那种为满足贵族需要的繁荣而不同的富华图景。

南宋临安:"自大街及诸坊巷,大小铺席,连门皆是,即无虚空之屋,每日清晨,两街巷门,浮铺上行,百市买卖,热闹至饭前,市罢而收。盖杭城乃四方辐辏之地,即与外郡不同。所以客贩往来,旁午于道,曾无虚日。"(《梦梁录》卷13,《铺席》)元代大都,

"外国巨价异物及百物之输入此城者,世界诸城无能与比","百物输入之众,有如川流不息。仅丝一项,每日入城者计有千车"。(《马可波罗行纪》中册,379页)明代北京:"省直之商旅,夷蛮闽貉之珍异,三代八朝之骨董,五等四民之服用皆集。衢三行,市四列,所称九市开场,货随队分,人不得顾,车不能旋,阗城溢郭,旁流百廛也。"(《帝京景物略》卷之二)在如此兴盛而多样的城市经济基础上,自然要形成由这种经济支配的庞杂的人群,他们是从地主、农民两大阶级分离出来的成分混合的城市自由居民阶层,伴随市民阶层生活在一个经济联系密切的环境里的需要,以北方方言为基准的口头通语流行起来……

这么多具有新的社会意义的人和事物,与腐朽的封建主义的东西交织在一起,引起了一些具有正义感的文人、沦落儒生、民间说唱家们的注意观察和思考,迫使他们用在这种特定历史条件下的产物——白话,把汉民族的共同的心理,共同的风俗,共同的文化,资本主义胚芽和封建势力相联系而又反抗的一切形态反映出来,并把它凝结为一部皇皇巨作——《水浒传》。所谓施耐庵著成,不过是进行润色的象征性的代表者罢了。(《水浒传》从口头传说到艺人讲唱,从种种话本到鸿篇巨著,经历了几百年时间,把它归结为某一个人的创作,毫无根据。从收集到的《水浒传》资料来看,作者姓名是明中叶才署在《水浒传》版本上的。也就是说,为了出版之故,"施耐庵"才作为象征性的代表者出现的)《水浒传》是市民阶层用来反映自己对现实、历史的认识的文学作品。

历史告诉我们,宋元明时代的市民阶层,其广泛性、特殊性远远超过以前任何一个时代的城市居民阶层。他们大致可分三部分人。一部分是"高踞在城市社会上层"的(《马恩全集》第7卷,393

页)"王公将相""贵宦大贾"。一部分是"较富裕的市民和中等市民",(《马恩全集》第7卷,393页),主要为"商人""市头"等。一部分是"由没落的市民和没有市民权的城市居民群众所构成的"。(《马恩全集》第7卷,395页)他们包括数以万计的士兵、妓女,(《马可波罗行纪》,中册379页)落魄的文人、卖伎者、小商贩,从破产农民转化成的扫街盘垃圾者、淘渠人、出粪人等。(《梦粱录》之《诸色杂货》)其量有数十万,以至百万之多(吕坤《去伪斋集》卷1),是宋元明市民阶层的主体。

而"说书艺人""书会先生",作为生活在城市社会下层中的一员,必然要用自己创作的文学作品,去反映市民阶层中第三部分人的利益,代表着市民阶层主体的第三部分人的状况如何?从南宋时代可窥见一斑:"都民素骄,非惟风俗所致,盖生长辇下,势使之然。若住屋则动蠲公私房赁,或终岁不偿一镮。诸务税息,亦多蠲放,有连年不收一孔者,皆朝廷自行抱认诸项窠名。恩赏则有黄榜钱,雪降则有雪寒钱,久雨久晴则又有赈恤钱米,大家富室则又随时有所资给,大官拜命则有所谓抱节钱,病者则有施药局,童幼不能自育者则有慈幼局,贫而无依者则有养济院,死而无殓者则有漏泽园,民生何有其幸欤。"(《武林旧事》《骄民》)

在这样基础上产生的文学,势必要仰宫廷、贵人鼻息而运笔。依赖性、妥协性,成为这种文学的基调,但是,皇家翼下并非"永世太平",动乱和迫害的殃及者,也往往是下层市民感受较深,市民作家也会把他们认为的不平之事写到作品当中,因此,市民文学可以概括成为是这样的一种文学:它既带有封建主义一切特点,又有脱离这个制度的倾向;它掺杂着资本主义萌芽的成分,又能以农民的代表者面目出现。而这些,在《水浒传》里鲜明地表达了出来。

它展示的是，群雄不忍压迫去水泊聚义，大败官军，"受招安"，征辽国，平方腊的兴衰全过程。从这条脉络着眼，说《水浒传》是"写农民起义的书"，并不错。《水浒传》中打击辽邦侵犯的爱国主义情绪，反对社会某些丑恶面，只恨坏官忠于皇帝的意识，等等，不一定非是市民阶层专有的，也完全可以看成是其他阶级或阶层的理想和行为，不应否认，《水浒传》还有不少占山为王、攻州夺寨的农民军活动，然而，我们要透过在民间流传过程就存在的，编纂者不能随意去掉的人物和情节这一表面现象，去探索他们最终要达到什么样的目的，就不能避而不见，梁山起义军大部分"兴兵问罪"的原因往往是因为冒犯了水泊，或是瞧不起梁山好汉或和恶霸争夺一匹马引起，如《宋公明三打祝家庄》《宋公明夜打曾头市》等故事，全是按着触我即打这样的道理设计的。

虽然，水浒英雄们对封建贵族表示了极大的不满．但并没有从劳动者被剥削的立场出发，而是从个人主义立场专反对压制他们的恶势力，满足于李逵式的对他们有坏处的剥削者进行激烈的痛骂，却从来没有对这个社会进行批评，更没有要从根本上去推翻嗜血的王朝。宋江等人的社会基础决定了他们的软弱性，"不能实现自己的愿望，所以就向整个封建制度的首脑即王权寻求有力的支持"。(《马恩全集》第20卷，450-451页)

《水浒传》委婉而又详尽地揭示了这一矛盾心理——希望农民反抗，打击贪官污吏，来保障生活；又害怕农民彻底起义，毁坏自己，于是寄农民队伍中地主阶级分子走"招安"路线，倒向"王权"，把农民军的结局处理为变节和沮丧的凄惨悲剧。小说中任何一个人物和事件发展变化，都没有违背投降这个总的逻辑。构成了

《水浒传》半是造反的悲歌,半是乞恩报效之音;"半是谤文""半是未来的恫吓"(《共产党宣言》47页)的奇怪现象。这不能不归于市民阶层作家的局限性。

苛求古人是不对的。像许多研究者分析的那样,市民阶层是在封建社会内部成长起来的,它与农民和地主有着天然的、不可分割的联系,摇摆于两者地位上的《水浒传》的作者,只能刻画一支既要造反,又要投降;找不到出路的悲观、痛苦的梁山起义军。但作为一个处于萌芽状态的新的社会经济关系的体现者,《水浒传》作者又把和农民不同,也与地主有别的事物呈现在其作品中。繁华的都市和发达的商业,银两的大量运用;极端狂热的个人复仇举动;丧失了生产资料,也丧失了生活资料,脱离了封建人身依附的白胜之类的"闲汉";介于自由民和奴仆间的流氓无产者的李逵形象。

城镇环境中带有一点叛逆作风的封建式的典型的市民阶层人物性格和生活情趣。如武松为施恩"义夺快活林",把市井中恶霸与流氓的争夺,描述得淋漓尽致。直到近代社会,我们还可以看到它的影子。《王婆贪贿说风情》,是多么投合小市民的庸俗习性。宋江怒杀阎婆惜,暴露市民社会中人与人之间关系何等深刻。这样的章回,不是个别的,是连篇累牍的。

从这个意义上说,《水浒传》可以说是我国最早的具有独特风格的有关市民阶层情况的百科全书。成为后来的《金瓶梅》《三侠五义》这类"为市民写心"的书的"开山鼻祖"。总之,《水浒传》作者出色地完成了自己的历史使命,他使《水浒传》达到了那个时代能够达到的高度。而且,《水浒传》作者在创作这部小说时所采用的,从简明、生动的白话形式的文学语言中去显示个性活跃的人物,竭尽穿插敷衍之能事,把故事情节编造得丰富和曲折;通过具体的细节描写，把对话、行动、人物心理活动紧密结合起来等现实主义的手法，为中国小说民族特色奠定了雄厚基础。从而成为中国古典小说中思想性、艺术性最好的一部。

可是许多读者，包括相当多的《水浒传》研究者，只常常看见农民战争或厮杀场面，偏重从"农民起义"角度去认识和理解《水浒传》。没有从市民阶层和市民文学去探索《水浒传》的来龙去脉，这就限制了自己的视野，无法弄清《水浒传》所表现出的自相矛盾问题。不能不是《水浒传》研究中的一大缺欠。为此，我研究《水浒传》如何从"说话"形成长篇巨制这一文学演变历史时，抓住了充满"公案"意义的矛盾线索，"士马金鼓"类的故事情节……这就带进了《水浒传》是反映市民阶层利益的作品问题。

由于历史的复杂和个人看问题立场的不同，"市民"问题一时很难说清，它有待于伦理学、经济学等学科研究水平的深入，并不是无法说明白的。目前，我只在已有的资料和同志们发掘的基础上，把"市民说"再次提出。如果能引起大家的注意和研究兴趣，认为不是胡妄之言。或者经过讨论，推翻这一观点，找到正确的研究途径。我都是高兴的。因为我尽到了在科学研究道路上当一块铺路石的职责了。记得恩格斯对"市民问题"说过这样的话："这样的研究工作是很艰巨的，但是这是主要的基础。"（《马恩全集》第39卷，461页）让我们有所记取，为创建一门"研究水浒传的学问"——"水学"而奋发努力。

从《燕青博鱼》看市民的戏剧欣赏习惯

著名的长篇白话章回小说《水浒传》的形成,经历了一个相当漫长的繁衍过程。从发展轨迹来看,《水浒传》曾经受过杂剧文学样式的影响,这主要表现在元代戏剧领域涌现出来的以描写梁山英雄好汉为体裁的水浒故事方面(元代并无明确"水浒戏"一说,《燕青博鱼》情节则与"水浒"故事甚远)。这些水浒戏剧故事初步勾勒出了《水浒传》的梗概。

如高文秀所作的《黑旋风双献功》第一折,宋江上场自报家门,叙述自己幼小为司吏,杀阎婆惜,刺配江州牢城,被晁盖救上梁山,坐了第二把交椅。宋江还对英雄好汉聚义的水泊梁山,进行了一大篇有声有色的铺叙,令人意驰心迷:

> 某聚三十六大伙,七十二小伙,半坡来小偻罗,威镇梁山。寨名水浒,泊号梁山。纵横河港一千条,四下方圆八百里。东连大海,西接济阳,南通钜野、金乡,北靠青、齐、兖、郓。有七十二道深河港,屯

数百只战舰艨艟；三十六座宴楼台。聚百万军粮马草。声传宇宙，五千铁骑敢争先；名达天庭，聚三十六员英雄将。风高敢放连天火，月黑提刀去杀人。

从现存的其他水浒体裁的杂剧观察，李文蔚的《同乐院燕青博鱼》、康进之的《梁山泊黑旋风负荆》、李致远的《大妇小妻还牢末》、无名氏的《争报恩三虎下山》、无名氏的《鲁智深喜赏黄花峪》，在开场之初，均以这样的一篇大致相差无几的表白拉开全剧的序幕。河港、大海、战舰、楼台、军粮、铁骑、风高、月黑……剧作者构架的神秘梁山，无疑会刺激起观者的视觉和听觉神经，使观者一开始就对这种环境产生一种难以抑制的欣赏情结。

但就现存的这六种水浒戏剧来看，除《黑旋风负荆》主要剧情为水浒英雄之间的冲突，其他五种都与民间传说中已经定型的"勇悍狂侠"（见陈泰《所安遗集补遗》）般的梁山好汉故事相去远甚，充其量只能说是以当时街谈巷议的水浒英雄传闻作招徕观众的媒介。因为这些剧均是以市民社会日常生活为背景而展开的，市民的喜怒哀乐、市民的恩怨情仇、市民的柴米油盐……成为戏剧的主调，而水浒梁山泊的人物和故事，只不过是作为传奇或点缀穿插于戏剧其间罢了。李文蔚的《同乐院燕青博鱼》就可以做这方面的如是观：

> 梁山泊宋江，以重阳节，给假放众头领下山游赏，仍立限回山。燕青逾限当诛，吴用等为之请负，受责，青以气愤而目失明，江令下山觅医，青遂流落汴梁。汴梁人燕和妻王腊梅有淫行，和弟卷毛虎燕顺恶其嫂，弃家去。腊梅与奸夫杨衙内约，三月三日会于同乐院。及期，杨跨马赴院，撞倒盲人燕青。青欲牵马反为杨所殴。杨驰去，青误扭一人，乃燕顺也。

顺善针,怜青以盲受辱,为下针治盲。青目复明,通姓名,结为兄弟。青方困,借本贩鲜鱼以自给。时复三月三日,青至于和,和还其鱼。负担欲去,值杨衙内至店,以青不回避,夺其担,青知即前殴己之人,还殴之,杨狼狈走。和见青拳勇,亦与结兄弟,引至家留养。中秋节,腊梅又约杨到园饮,为青所见,报和,持刀将杀杨,杨轶去,又欲杀腊梅。和犹豫未决,杨统众至,缚和及青,付官下狱。青与和越狱走,杨与腊梅复率众追,将及,青、和遇顺。时顺已入梁山寨,闻和及青受冤,挟资来救,遂并力擒杨及腊梅而杀之,俱归梁山。(见董康辑《曲海总目提要》卷一,剧情与《水浒传》不同,燕和疑为王君和之转。《燕青博鱼》中燕和为燕大,燕顺为燕二)

这样的戏剧结构已经完全颠覆了已在宋代无论是《大宋宣和遗事》,还是民间广泛流传的水浒英雄好汉的传统。大众比较熟悉的龚圣与所作的《宋江三十六人赞》,其中燕青被赞以"平康巷陌,岂知汝名"。一般认为该评语的真正含义也许是"燕青虽英俊倜傥,切莫误解为浪荡公子"的意思,仍为英雄本色。

《大宋宣和遗事》则对宋江三十六人聚义的概括是:"广行忠义,殄灭奸邪。""各人统率强人,略州劫县,放火杀人,攻夺淮扬,京西,河北三路二十四州八十余县,劫掠子女玉帛,掳掠甚众。"在三十六将中位列第十五的燕青当然也是"杀人劫货"的角色。

就像后来明刊《李九我先生批评破窑记》第七出《店起奸心》:"白日横行,夜间为盗,山泊中休说浪子燕青。"(李注:宋徽宗时大盗,宋江党徒,卢俊义养子,满身刺绣,善射弓,曰浪子是也)但《燕青博鱼》对已有的燕青形象反其道而行之,除却将燕青的出场与回归安置在水泊梁山的背景之下，其余则彻底将燕青刻画成一个生活在城市底层的小市民形象。

> [雁过南楼] 我是一个混海龙摧鳞波去甲。我是一只爬山虎也啰，到如今都削了爪敲牙。往常时我习武艺，学兵法；到如今半筹也不纳。则我这挈云手，怕不待寻觅那等瞎生涯。我能舞剑，不能道是敲笋板；会轮枪，须不会拨琵琶。着甚度年华？（正末云）长街市上，盘街儿叫化咱。

燕青一亮相，就是衣不遮体，无路可去的乞丐，可谓潦倒街头，一副可怜相，又加之双目失明，真是"屋漏偏遭连阴雨"，难上加难。值得特别注意的是，燕青的双目失明，是他在梁山误了"假限"遭到宋江免除"项上之罪，脊杖六十"，"感了一口气"而造成的。于是，宋江让众兄弟每人一只短金钗，资助燕青下山去寻个良医。"待医治的好了，你上山来，依旧用着你也。"

这句话相当重要，表明了宋江对燕青的许诺是有前提条件的，弦外之音是假若治不好眼睛，燕青也就断绝再归水泊与众弟兄"一齐""送老"的康庄之路。这实际等于批判了作为占山为王首领宋江的冷酷无情，李文蔚顺便一笔还揭示出了宋江这支农民起义军对市民是不保护的："若经商便将拿住。但违了某家将令，斩首级决无轻恕。"

正是由于站在市民阶层尤其下层市民的立场上，李文蔚用浓墨重笔描写了在闹市之中燕二对燕青的萍水相逢，向其伸出热情相助之手。当燕二得知燕青的眼睛是"半路里气坏了的"，便施展其"神针法灸"，"一枚针挑去一重沙，恰便以日月退残霞"。使燕青复见了光明。燕青对燕二纳头便拜，称为"重生的父母，再养的爷

娘",是毫不为过的。当燕青向燕二叙述身世,意味深长地唱道:

> 俺也曾那草坡前把滥官拿,则俺那梁山泊上宋江,须不比那帮源洞里的方腊,你将我这蝼蚁残生厮救拔,我把哥哥那山也似恩临厮报答。

燕青已将宋江归入农民起义军的另类置于一旁,而对救拔他出苦海的新恩人市民燕二则是投入了全部的身心,从而也使自己融入下层市民的家族之中,紧接着在第二折燕青展开了其市民生活的高潮——博鱼。所谓"博鱼"亦可唤作"扑鱼",它是自宋开始兴起的一种经济性质的文化娱乐活动,即正式名为"关扑",就"扑"字原义说,前人或释为"争到曰扑",或解作"手相搏曰扑也",亦寓于游戏之意。

由于宋代城市经济高度发达,货币流通相当可观,所以市民们只要有一文钱或几文钱,就去"关扑",因为通过"关扑",将钱扔在地上扑,看着钱辗转翻腾,既可以一玩,又可以通过一扑或几扑,将成倍的大宗钱财赚来。这种活动在市民集中居住的城市内特别兴旺,以致政府每年都要出告示,发消息,倡导"关扑",像东京每年三月一日至四月八日,在金明池、琼林苑开展"关扑":

> 池苑内,除酒家、艺人占外,多以彩幕缴络,铺设珍玉、奇玩、匹帛、动使、茶酒器物关扑,有以一筹扑三十筹者,以至车马、地宅、歌姬、舞女,皆约以价而扑之。(孟元老《东京梦华录》卷七,《池苑内纵人关扑游戏》)

后来发展到临安,逢季节必"关扑",如一到夏天,"街市扑蒲合、生绢背心、黄草布衫、苎布背心。扑黑伞、花毛巾、凉伞、凉簟、凉枕、紫纱裙、凉鞋"（西湖老人《繁胜录》1962年版本）。早、夜市上亦"扑"，任何衣食住行用品均可在"关扑"之列。元好问就曾记述元丰年间，在东京考试待榜的王君和与一市人"博鱼"的情景：

> 掷骰钱赌之。君和祝骰钱以卜前程，一掷得鱼，市人拊膺曰："我家数口，绝食已二日，就一熟分人赊此鱼，望获数钱，以为举家之食，子乃一掷胜之，我家食禄尽矣。"君和恻然哀之，不取鱼，又以数钱遣之，市人谢而去。（元好问《续夷坚志》卷四，《盗谢王君和》）

宋话本小说《史弘肇龙虎君臣会》则以更大的篇幅更加细腻的笔调，描摹了"博鱼"具体而微的场面：

> 郭大郎在店前闲坐，只见一个"扑鱼"者在门前叫"扑鱼"，郭大郎遂叫住扑，只一扑，扑过了鱼。"扑鱼"者告郭大郎道：昨夜迫划得几文钱，买这鱼来扑，指望赢几个钱去养老娘。今日出来，不曾扑得一文，被官人一扑扑过了，如今没这钱归去养老娘。官人可以借这鱼去，前面扑赢得几个钱时，便把来还官人。

郭大郎见他说得孝顺，便借与他鱼去扑。那西京河南府部署李霸遇，见"扑鱼"者，遂叫入酒店里去扑。扑不过，输了几文钱，径硬拿了鱼。"扑鱼"者说向郭大郎，郭大郎与李霸遇因"扑鱼"，在酒店展开了一场厮打。

因"扑鱼"而横眉相向，并非特殊、个别，而是当时参与"关扑"的市民最为经常的、一般的反应，因为"关扑"关系到市民的切身利益，有的市民或者说大多数下层市民，是希望通过像"博鱼"这样最为简便易行的赌物赢钱的样式，来改善窘迫的境遇和谋得些许好处。李文蔚正是揣摩透了市民的这一心理，遵循着市民的这一欣赏习惯，创作了"燕青博鱼"。

李文蔚为引起市民的更高的兴趣将"博鱼"的地点安置在"同乐院"，宋代有"同乐园"而无"同乐院"，"同乐院"疑为"同乐园"之演变，金代赵秉文有《同乐园二首》诗可证，其一云：

> 石作墙垣竹映门，
> 水回山复几桃源。
> 毛飘水面知鹅栅，
> 角出墙头认鹿园。

（薛瑞兆、郭明志编纂《全金诗》第二册）

从诗可知，"同乐园"墙掩水阔，风景极佳，为东京园林胜地。其址在园子门内东北，为宋徽宗朝设置（李濂《汴京遗迹志》卷之八《园》），寓与民同乐之意。故《燕青博鱼》中有"今日是三月三清明节令，那同乐院前游春的王孙士女，好不华盛"之语，燕青正是"时遇着三月三清明佳节"，"问人借了些小本钱，贩买了些鲜鱼"，到"同乐院"来"博鱼"的，这也与赵秉文的《同乐园二首》中的"过却清明游客少，晚风吹动钓鱼船"诗之描写互相吻合。

李文蔚调动了市民所熟悉的地点、所熟悉的人物、所熟悉的"扑鱼"，其目的是为了获得广大市民的欣赏认同。而且，较之元好问记述王君和与市人的"博鱼"，与《史弘肇龙虎君臣会》中郭大郎和李霸遇因鱼而厮打，《燕青博鱼》则更重于"博鱼"乃是从最低市民维持"衣食水准"而生发：

可怜咱十分贫窘,恰才那打鱼人赊与俺这卖鱼人,凭着我六文家铜镘,博的是这三尺金鳞。鱼也你在荷叶盘中犹跃尾,怎不想桃花浪里一翻身。我去那新红盒子内,拿着这常占胜不占输只愁富不愁穷明丢丢的几个头钱问:钱那!我若是告一场响豁,便是我半路里落的这殷勤。

燕青的告白是和那些企图以"博鱼"而求"发迹变泰"是截然不同的,他是以毫无着落的底层市民身份来参与一场关系身家性命前途的赌博的,所以在"博鱼"时也就格外的紧张失措,以致"的我咬定下唇,掐定指纹。"当鱼被燕大赢去,燕青竟跪倒燕大面前哀求将鱼还给他,以再去博,赢了再还燕大。谁知燕大的妻子王腊梅不同意,燕青只得说好话奉承王腊梅。

就此燕青又卷入了被市民阶层津津乐道的"奸情戏"的旋涡中,也于此展开了对王腊梅的人格憎恶之情。其实在第一折之初,燕氏兄弟的对话,就揭示了此剧的主调——捉奸。如燕二所云:"俺是甚么等人家,着他辱门败户。你顶着屎头巾走,你还不知道。"燕青和燕大刚一见面,也是马上切入这个话题:"敢问哥哥,这嫂嫂不和哥哥是儿女夫妻么?"而所谓的根据却是:"你看发髻上扭下那棘针油,面皮上刮的下那桃花粉,两件事送了你个哥哥的祸根。"

这是典型的市民阶层所注重的家庭生活意识,即倘不是"儿女夫妻"而是"半路夫妻"的话,势必会出毛病,这毛病主要是男女的私情,若不谨慎处之,就会导致家破人亡。燕青就是受这种思想指导与帮助燕大"除奸"的。当中秋夜,王腊梅约杨衙内于燕家后花园相会,被喝醉乘凉的燕青发现了他们的"奸情"并告之燕大,燕大却不信，但拗不过燕青去"捉奸"时，杨衙内却跳窗逃了，由于"没奸夫"，反让王腊梅倒咬一口。燕大、燕青欲杀王腊梅泄气，被率随从冲来的杨衙内"拿住"。

杨衙内实则一登场，就是被抨击的对象，其主要恶行是杨衙内迫害已是小商贩身份的燕青："你既是做买卖的，将那担子挑过一边！你怎生搁着这路？（做踢倒担子科云）怎么见我来不躲开也？"接着，杨衙内又把燕青的"竹眼笼的毵楼，登折四五根"。把一条"黄桑担生踏损"，"把这折鱼的盆子来摔了"，这等于是将燕青的小商贩的生涯断绝了。

李文蔚如此设计这样的剧情，是具有深层含意的。他要将杨衙内压迫小商贩的行径暴露给市民看，以换取广大市民的同情心，同时也达到了抨击在城市里作威称霸的黑暗势力的目的，以为广大市民的切身利益呼喊。

尽管《燕青博鱼》这一剧情，与《水浒传》的除暴安良伸张正义等倾向性十分相近，但情节模式、人物形象、叙事意向已完全市民化了。"博鱼"则犹如一块招牌、一面幌子，独为招引市民观众而作：

> 为燕大主家不正，
> 亲兄弟赶离家庭。
> 杨衙内败坏风俗，
> 共淫妇暗约偷情。

这才是《燕青博鱼》的主题，水泊梁山只不过作为《燕青博鱼》的一个道具，一个背景出现，已与主题内容无关紧要了。

论吕布

一

《下邳城曹操鏖兵　白门楼吕布殒命》。在《三国演义》第十九回里,"相貌无比,文高武又绝,画戟横担定,威风气象别"的吕布(郑德辉《虎牢关三战吕布》)被活活缢死,然后枭首示众。

曾几何时,不就是他吗?曾使猛将如云声威赫赫的十八路诸侯闻名丧胆。不就是他吗?曾在濮阳把谋臣似雨雄视天下的曹孟德打得焦头烂额……他的横扫千军的勇力,衬着他那平执画戟雄姿勃发的风采,还有背负着他驰骋转战日行千里的赤兔,不愧为"汉末二绝"。可是这一代无可匹敌的骁勇名将却凋谢在白门楼上。不禁使人觉得可惜!

然而,惋惜之时,人们难以忘记,就是他,挥起长刀,将其"义父"丁原砍翻,却在次日匍匐在"国贼"董卓足下高叫"义父"。就是他,不过年余因貂蝉又与董卓势不两立，并复演了再杀"义父"的场面。在颠沛奔窜中啸聚人马的他，今日助刘攻袁，明天反曹联备，独享了"三姓家奴"这一极不名誉的绰号。可是他也曾救人于危难，用辕门射戟这样巧妙定输赢的方法使刘备脱离了险遭灭顶的厄运。就是他，素日"觑汉国如儿戏"（郑德辉语），可被缚推到他多次战败过的曹操面前却摇尾乞怜，狗鼠弗如……

这是多么矛盾！一面是叱咤风云，一面是卑微龌龊；一面是见利忘义，一面是助人解难。渺小与伟岸，冷酷与热情，交织在吕布的身上。吕布这种既有恶，又有善，在某一空间十分美，在另一时间又很丑的性格特征，正是作者罗贯中匠心独运的结果，是他的高明处。正是他刻意揣摩，力求把吕布表现为一个七情六欲丰满的人物，在刻画吕布自身的豪杰行为的同时，往往又让他显示了多方面相悖的情感结构；并设计了许多看上去似乎偶然，但恰恰表明着这位猛士无法违背人的理念的必然举止……

在温明园公卿群集的宴会上，董卓提出"废帝"。荆州刺史丁原反对，董卓遂掣佩剑欲斩丁原，董卓的谋士李儒"见丁原背后一人，生得器宇轩昂，威风凛凛，手执方天画戟，怒目而视"。这是吕布形象通过李儒的眼中反映出来，"方天画戟"，尤为鲜明。宴会散后，董卓按剑立于园门，"忽见一人跃马持戟，于园门外往来驰骤"。这是从董卓眼中又出现了生龙活虎般的吕布。董卓问："此何人也？"李儒答道："此丁原义儿，姓吕名布，字奉先者也。主公且须避之。"

一个"主公且须避之"，使吕布威勇气焰扑面而来。到了第二天，丁原率兵在城外搦战，董卓引军出迎。这时，经过罗贯中的层层皴染，吕布形象似浮雕一样凸显出来了。"只见吕布顶束发金冠，披百花战袍,擐唐猊铠甲,系狮蛮宝带,纵马挺戟,随丁建阳出到阵前。"以至董卓看到他"貌若天神""心中惊骇"。待吕布一冲杀起来,董卓及其军队竟无法招架,只能败退三十余里下寨。这是何等的威风!吕布一出场,一投目,一举手,就挟雷掣电,夺人魂魄,其仪表就闪烁着壮美的青春色彩。虽然吕布尚一言未发,但读者已开始注意倾听这位奇伟将军的足音和心声了。

二

吕布给读者的第一印象,是一个可以掀天覆地的超凡英雄。然而,他却在一个小小的荆州刺史麾下效力。当同乡李肃来访,一种生不逢时的委屈,像开闸之水,一泻冲出:"某在丁建阳处,亦出于无奈。"言为心声,吕布是何等不满自己的处境。李肃不失时机地向他献上了一片花团锦簇般的赞语。"贤弟有擎天驾海之才,四海孰不钦敬?功名富贵,如探囊取物。"这些溢美的言词,无疑在吕布心间激起了波澜。深深了解吕布素有"见利忘义"的秉性的李肃,十分明了,对待吕布这样时刻准备攫取高位厚禄的"非常人",光凭其三寸不烂之舌是难以奏效的,必须向他下一笔非常的"赌注",那就是董卓忍痛割爱的举世罕见的赤兔马。此马"浑身上下,火炭般赤,无半根杂毛;从头至尾,长一丈;从蹄至项,高八尺。"而且"日行千里,渡水登山,如履平地"。

战阵之上,献此重礼,必有缘故。可吕布已不顾及,也不考虑内中情由。因为他的个人欲念得到了极大的满足,什么都是可以置之脑后的。当李肃又端出"结其心"的金珠、玉带时,"恨不逢其主耳""恨无门路""恨无涓埃之功",一连串希望投奔更有势力的靠山，以求得高迁，一展所长的感慨，从吕布口中喷涌而出。片刻之间。吕布就抛弃了曾"怒目而视"董卓的面目，下了"欲杀丁原"的决心。罗贯中虽没有写出吕布此时的表情，可这种见利忘义的行为，却使读者看清了丁建阳的这位义子不义的丑恶嘴脸。

一匹赤兔马驱使着吕布去砍下了丁建阳的头颅。罗贯中做出这样的艺术处理，是有其指导思想的。"《三国演义》一书，有奇峰对插，锦屏对峙之妙。其对之法，有正对者，有反对者，有一卷之中自为对者，有隔数十卷而遥为对者。"（毛宗岗《读三国志法》）罗贯中随后就写了身在曹营的关羽，当接受了曹操赠予的赤兔马时，却说出这样一番斩钉截铁的话："吾知此马日行千里，今幸得之，若知兄长下落，可一日而见面矣。"真是堂堂正正，义气凛然。这和吕布接受董卓赠给的赤兔马的情景，互相映照，读者不难得出这样的看法：关羽虽是刘备结拜的异姓之弟，可是刘备却得到了关羽的不二忠心；吕布虽拜丁原为异姓之父，可是丁原得到的却是吕布的钢刀和"丁原不仁"的丧尽天良的呼叫。"诚于此较量而比观焉，岂不足快读古之胸，而长尚论之识。"显而易见，在罗贯中的笔下，吕布是作为一种被抨击被唾弃的人物而塑造的。

仅仅一夜时光，"义父"丁建阳尸骨未寒，其"义子"吕布又向董卓"请拜称义父"了。吕布好似一只凶猛的鹰隼，飞落到董卓的手臂上。他栖息在一顶金碧辉煌的华盖之下了，而没有感觉到，他因此付出"不义"的代价比他获得的要多得多！他分明是助纣为虐，越是振翅鼓翼，越是罪孽深重——吕布揪倒了行刺董卓的越骑校尉伍孚，推出剐剖。省台百官宴会上，又是吕布截获司空张温连结袁术的书信，致使张温身首异处，且夷其三族……在吕布的心目中，这些"逆臣叛将"只有他才能威慑住。就是"发掘先皇及后妃陵寝，取其金宝"，吕布也并未魂灵震颤，而是心安理得，似乎这也是他的英雄举动。"方今天下别无英雄，惟有将军耳。"当朝重臣王允对他的阿谀，吕布听起来多么惬意。他深深沉浸在"吾怕谁来"，无往不胜的英雄梦幻中了。

但是，当董卓占有了王允已经许诺给他的貂蝉时，吕布才比较清楚地看到自己只不过是处于"相府一将"的地位上。这大大刺伤了吕布那过分自尊的英雄心理。老谋深算的王允与秉承王允意图的貂蝉，正是顺着吕布不愿有一点懦夫之象而专以天下英雄自负的气度，一面无可奈何，卑言设伏；一面悲伤欲绝，献娇诟媚，撩起了吕布不愿忍受与自己英雄称号不符的隐痛。貂蝉用"不得复事英雄"，激得吕布发出了誓言："我今生不能以汝为妻，非英雄也！"王允一句"可怜将军半世之英雄耳！"竟使吕布"气倒于地上"。其源盖出于占有了吕布看中的貂蝉，就等于占有了吕布纵横天下的英雄声望，而这对于吕布，是绝对不能容忍的。吕布喊出了："大丈夫生居天地间，岂能郁郁久居人下！"这不禁使人神情一动。因为这声调与"某在丁建阳处，亦出于无奈"恰如一辙。这将预示着又一位"义父"被杀。虽然董卓形象是令人憎恶的，但为一女人弑其"义父"，这为当时道德规范所不容。勇力远远不如吕布的张飞之所以那样厌恶吕布，就是因为吕布两次干的都是"灭伦绝理"的事情。张飞虽然没杀死吕布，但已将一种"恶吕布以正父子之伦"的光圈（毛宗岗《三国演义》二十八回评语）紧紧地罩在了吕布的头顶。

三

然而，罗贯中毕竟是身手不凡的大家。他并非一味描绘吕布只具有一副"见利忘义"的面孔,而是把吕布的形象置放在色彩斑驳的汉末舞台上,让他迎着不同的世情气候,呈现出各异的风神来——

曲栏临湖,荷花满池。映衬一亭。凤仪亭,凤仪亭!有凤来仪,婷婷玉立。貂蝉分花拂柳,移步,像九重飞下的凤凰,吕布如飘逸的蛟龙,迎着他那朝思暮想的美人走去。此刻,那个杀气腾腾的吕布不见了,只有一个脉脉含情的吕布;那枝令人心惊魄散的方天画戟倚在一旁了,只有说不尽的绵绵情话,立不完的海誓山盟……蓦地,画戟飞来,划破了吕布青天白日的情梦。一桩美人配英雄的好姻缘被一只罪恶黑手斩断了。读者看到,自此以后,杀人如麻的吕布却因恋慕貂蝉但又得不到她而感到异常痛苦。他目送心上人随董卓远行时,竟又"缓辔于土岗之上,望毡车而泣"。对吕布来说,还有什么比失去貂蝉更痛苦呢?"叹惜痛恨"之余,王允的"诚为天下耻笑"言语,燃起了吕布对董卓的万丈怒火。

但是,倘若挥刀向董卓,"奈是父子之情,恐惹后人议论。"这是从血肉之躯传出的仁义道德的声响,不是没有知觉的一块坚冰的回音。吕布犹像当年想要手刃丁原时所陷入的"沉吟良久"的境地,心头何尝不是波滚涛翻?是王允晓以理义的言语,冲开了吕布郁塞的精神堤岸:"将军若扶汉室,乃忠臣也,青史传名,流芳百世;将军若助董卓,乃反臣也;载之史笔,遗臭万年。"如果说李肃劝吕布杀丁原时所用:"'良禽相木而栖,贤臣择主而佐。'青春不再,悔之晚矣。"深深打动了他的心。那么,王允的话不亚如晴空霹雳,使吕布一刹时猛醒。是顾全"义父""义子"之情而背负万代骂名?还是杀董卓挽狂澜于既倒?两种抉择,必居其一。吕布抽刀刺臂,以鲜血表明"讨贼"的信念。但其言行,时而急躁,时而寡断；时而宽容，时而冷峻……模糊不定，使吕布的形象在读者的眼中显得是那么的稚嫩而毫不成熟，那么的拙直而缺乏掩饰。但正是这样互相乖离的描绘，使吕布的那种正气显得逼真而又独特。请看——欲与丈人董卓报仇的中郎将牛辅，因不能敌吕布，便暗藏金珠，和心腹人胡赤儿在深夜弃军而走。胡赤儿在渡过一条河时，因想谋取财宝，便杀死牛辅。为讨功，将头来献吕布。可是，当吕布问明情由时，并没有因他和董卓是仇人而饶恕胡赤儿，反而立即将胡赤儿斩首！

罗贯中仿佛漫不经心地勾勒一笔。但这一微小的细节却使读者明晰地看到，吕布的心灵并非只往"见利忘义"的方向倾斜。诚然，吕布曾攻取过刘备所在地徐州，可那是在怎样的情势下——张飞当众侮辱了吕布的岳父曹豹，并扬言打曹豹"便是打吕布"，而且真的便"将曹豹鞭至五十"。曹豹修书诉苦于吕布，"且云：玄德已往淮南，今夜可乘飞醉，引兵来攻徐州，不可错此机会。"而陈宫也极力附和曹豹的主张。更主要的是张飞累次藐视吕布，执剑仗矛，寻衅挑斗。吕布怎能把一个张飞放在眼内。只不过碍于刘备，默默忍受着张飞的辱骂罢了。一旦刘备不在，旧恼新恨一齐涌来。再则，遍观四周，无不是攻城略地为王。本不甘久居人下的吕布，这时似上弦之箭，不得不发了。但吕布攻入徐州后，首先"令军士一百人守把玄德宅门，诸人不许擅入"。这分明是对慨然接纳他的刘备的回报。后来吕布与刘备分裂，吕布又攻入刘备驻守的小沛，又是吕布赐糜竺"宝剑一口，但登门者，即斩之"。这在兵荒马乱的年代里，该是一种莫大的恩义。

罗贯中即在其后面写下了："此是吕布好处"的评语，予以由衷的赞叹。特别是当袁术派统兵五万的纪灵去攻打只有弱兵五千的刘备时，已接受袁术二十万斛粮食的吕布宁肯违信于袁术，亲提一军去拯救刘备。吕布这样做，固然是看穿了"若袁术并了玄德，则北连泰山诸将以图我"的用心，但很大程度上仍是为了报答刘备的恩情。细心的读者不会忘记，在董卓死党率军涌入京城时，吕布"左冲右突，拦挡不住"。在那生死关头，一向眷恋妻小的吕布竟直奔青门琐外去招呼王允一起逃离。王允不肯离去，吕布"再三相劝"，直到各门烈焰冲天，吕布才无奈独领百余骑出关……由此可见，吕布救人于难，并非一时心血来潮。一旦情意相投，有恩于己，吕布便赴汤蹈火，在所不辞。"吕布当年解备危，万军谁敢效公威？"还有什么比这后人深深的感叹有回味呢？

四

可是，具有讽刺意味的是，救刘备于大难的吕布，却是被刘备用"公不见丁建阳、董卓之事乎？"的话送上了断头台。"是儿最无信者！""大耳儿！不记辕门射戟时耶？"吕布撕心裂肺般的哀怨，好像被屠宰羔羊的一声独啸，无人报以同情的反应。

也许直到此刻，吕布才猛然觉悟。即使没有刘备这位"贤弟"在自己落井时又掷下一块巨石，自己也要被推上断头台，因为他早已众叛亲离。吕布自以为对其"不薄"的侯成、魏续、宋宪，向他发出"听妻妾言，不听将计，何谓不薄？"的指斥，就使吕布不得不"默然"。在危急存亡的时刻，吕布把足智多谋的陈宫的策略置之不顾，整日与严氏、貂蝉饮酒解闷。然而，部将稍一饮酒，把酒来献，他却以斩首、棒打来镇压、侮辱之。这种以我为中心，毫不体贴将士的做法，无情无义，使人不得不生疏心。而吕布却自以为得意，因为他只信奉：顺我者昌，逆我者亡。尽管吕布曾经觉察出陈珪、陈登为曹操"内应"，出卖自己的用心，愤恨已极，抽剑欲杀陈登；可陈登用一席颂扬话就使他抛剑长笑，满腹怒气立刻化尽。甚至陈宫劝他"宜善防之"，吕布却给以怒斥。

勇猛的吕布，很少意识到自己所处的时代的严酷。诸侯蜂起，虎视眈眈；尔虞我诈，无所不用。为了争权夺利，不惜忍辱受屈，骨肉相残。为了独霸地盘，绞尽脑汁设陷，丧尽天良布计……可是，这遍地的血污，四伏的危机，大动干戈同时居心叵测的群雄，在吕布眼中不过是一堆草芥。吕布倚仗的只是一腔极端的个人英雄气，仗戟前行，来出演自己的人生活剧。但吕布既没有曹操宽厉相济的气度，又没有刘备虚与委蛇的手段。所以，当他和曹操、刘备等英雄角逐时，形象就显得笨拙，头脑就显得简单。在血与火的争夺中，吕布败于缺少心计，又不潜心于谋略。正如陈宫对曹操说吕布那样："不似你诡诈奸险。"

是的，假如吕布稍微"诡诈奸险"一点，就不会与袁绍共破张燕于常山后，傲慢袁绍因而引起袁绍对他的杀机了。假如吕布稍微"诡诈奸险"一点，就不会轻信曹操火伤身死的谎言，率领军马杀奔马陵山，结果遭到曹操伏击，大伤元气了。假如吕布稍微"诡诈奸险"一点，就应该吸取被曹操战败的教训，不轻易出兵，也就不会再中曹操于林中虚设旌旗，于堤内实伏精兵的计策，使"布军三停去了二停"。假如吕布稍微"诡诈奸险"一点，就会预先对刘备筹措防范了。显然，吕布的这些所作所为，与"胸怀大志，腹有良谋，有包藏宇宙之机，吞吐天地之志"的英雄标准相去甚远，因而也就遭到了历史的嘲弄和淘汰。

五

"缚虎不得不急"。白门楼上,曹操是用这句话回答吕布缓一缓绑他的绳索的要求的。在身历百战的奸雄看来,即使被捆作一团的吕布,也依然是一只张牙舞爪的猛虎。不错,在《三国演义》所有战将中间,吕布作为他们之冠,是当之无愧的。就以吕布射术而言,那真是"落日果然欺后羿,号猿直欲胜由基"。辕门一百五十步开外,吕布张弓搭箭,弓如月行天,箭似流星去,飞中画戟小枝,一射便使"雄兵十万脱征衣"。吕布那杆方天画戟,在他手中像过江猛龙,其速度之迅疾,力量之强大,令人目为之眩,神为之夺。与吕布相逢的猛将,很少斗上几十合。有的名将甚至"刚一交战,便被吕布一戟刺死"。素有万夫不当之勇的张飞,首战吕布,片刻也是"渐渐枪法散乱",而吕布却"越添精神"。使八十二斤青龙偃月刀的关羽,也"来夹攻吕布"。"又战到三十合,两员战将战不倒吕布。"待刘备上来,三人共战吕布。在罗贯中画出的这幅虎牢之战图卷中,是吕布独战三名威镇乾坤的英雄。

虽然吕布战败了,但他仍不失为英勇过人的猛将,依然不失其英伟丰姿:"护躯银铠砌龙鳞,束发金冠簪雉尾。参差宝带兽平吞,错落锦袍飞凤起。龙驹跳踏起天风,画戟荧煌射秋水。"读者看到此处,怎么还会产生败将的形象?后人不得吕布神韵,只能形似。《水浒传》中便有一个"平昔爱学吕布为人"的吕方,但他仅具吕布的外形罢了。吕布,是任何人物也不能替代的一个独特的形象。吕布的懦弱低下,吕布的妄自尊大;吕布的见利忘义,吕布的好义勇为,奇妙地结合在一起。使人们在憎恨吕布丑恶的同时,又唤起了欣赏的美感。这不能不归于罗贯中对吕布这种气质不合时宜但又善战潇洒最终无可挽回而消灭的英雄的精心塑造。正因如此，才会出现"夜读三分传，堪嗟吕奉先"的效果。吕布虽给人们留下了相当多的忿恼，但也留下了不少的哀怜，又留下了多少美的愉悦！以至唐代大诗人李贺偏偏摄取吕布那超群的风采，满怀激情地赞扬道："吕将军，骑赤兔，独携大胆出秦门。"(《吕将军歌》) 吕布在《三国演义》九个篇章中的有限生命，竟迸发出了无限的勇猛与浪漫精神。使他作为汉末一个具有极大美学欣赏价值的形象，将长久地行进在中国文学长廊里，散发着特别的魅力。

宋小说笔记及饮食文学

一

笔者认为反映宋代社会生活的《水浒传》亦应在宋代小说之列，但限于《水浒传》为长篇章回样式，暂不在此讨论，我们将重点放在已于日常饮食生活方面而展开的宋小说方面。以《宋四公大闹禁魂张》为例，一开始我们就看到吝啬的张富员外，"白汤泡冷饭吃点心"，接着，宋四公"夜至三更前后，向金梁桥上四文钱买两只"方便就食的粗点心"焦酸馅"。

白天他则在路上吃那卷裹蘸椒盐肥熬肉的蒸饼（所谓熬肉，乃是生煮猪肉，类如白片猪肉制法，下锅煮不时翻转，备冷水煮拨三次，闻得肉香，即抽去火，盖锅闷一刻，捞起即可食。蒸饼则为面粉发酵而蒸制的饼，类如馒头。熬肉、蒸饼为宋代城市社会下层市民最易制做、最为便宜、最为常见的食物，故"闲汉"宋四公长途跋涉携带熬肉、蒸饼，其社会身份以此生动体现）。

接踵而来的是那村酒店里"擦桌儿""拍手唱一支曲儿"的少妇,小茶坊上灶点茶的老子,汴河岸上馒头店卖馒头的大嫂,那对人肉馒头的猜疑调侃,或汤店或米铺或菜担,我们好像随着一位近似梁山泊式的草莽英雄,不断地在由市与镇之间的酒店、茶坊构成的场景下穿行,通过一系列世俗性的饮食媒介,逐渐深入到宋代下层市民生活中间。

以饮食认同身份的表述手法,促使着这类小说内容别开生面,如《闹樊楼多情周胜仙》,描述的是在樊楼"开酒肆"的范二郎与"曹门里贩海周大郎"女儿周胜仙的恋爱故事。他们的搭讪方式就饮食性极强:从"卖水的"那儿,(宋市场卖水品种已达数十种之多)"倾些甜蜜蜜的糖水","才上口一呷,便把那个铜盂儿望空中一丢",然后报出自己的姓氏、年龄、婚姻状况,借市民普遍饮用的糖水传递个人信息,这是城市日常饮食文学一个天才的创作。"樊楼酒店范二郎",以城市饮食行业经营者形象出现,这也是第一次。

与此相对的是,文雅不凡的秀才,也在茶肆、酒楼出演,以《赵伯升茶肆遇仁宗》《俞仲举题诗遇上皇》为例,一茶肆、一酒楼,均为怀才不遇发泄不满而作诗词上达皇帝的场所。在茶肆,仁宗直接与作诗词的赵旭见面,听取了他对"一字差写"的申辩,皇帝甚至高兴地以诗与赵旭题在扇子上的诗回和。这是一个市民热盼的"发迹变泰"的故事,是在人来人往的状元坊茶肆兑现的。茶肆作用之大于此可见。

《俞仲举题诗遇上皇》则是在饮食的位阶上又提升了一步,在酒楼中对这一"教你发迹如何"加以复制和放大——俞良在酒楼墙壁上放笔作词表示惆怅埋怨,恰逢也来此饮酒的上皇赵构,从而出现了落第秀士与至尊上皇平等交流的一景,这似乎匪夷所思。但在这里，上皇好像更能俯顺民情，乐于接纳异议，而抱负受挫的举子也敢对上皇直陈己见和发牢骚。这一独特的上下遭遇，至少促成了皇帝经常微服巡幸酒楼这样一个经典。宋以后的各朝代无不受其熏染。

如在清代《乾隆巡幸江南记》小说中就能寻觅到这种影响的痕迹：乾隆所到之处，皆为繁华都市，登临的酒楼又都是"起造的十分优雅，挂着名人写的招牌"的名楼，酒保个个体贴入微，乾隆则又往往在楼上"拣一副座头靠街，以便随时观玩景致"。这与《赵伯升茶肆遇仁宗》"仁宗皇帝与苗太监上楼饮酒""倚着栏杆看街"如出一辙。

在酒楼，乾隆从未安稳喝过酒，或壮士难展武艺，或光棍撒呈恶气，或妓女含冤诉屈，乾隆都能一一明察，予以化解……宋小说所呈现的酒楼饮酒而矛盾交织获得冰释的模式，在清小说中得到了延续，显示了城市日常饮食生活的小说自宋形成了系统并开始对后世饮食文学的发展做了铺垫。

樊楼因其实际存在成为这一系统中的焦点。众所熟知，又名白矾楼，又作矾楼、丰乐楼的樊楼，处于繁华的东华门外，此地聚集众多茶肆食坊，瓦舍商店，从而以樊楼为中心带动了周边行业买卖，享有"京师酒肆之甲"的盛誉。因而也就被人津津乐道：

樊楼那可向三千脚店酒户供应沽卖新酒的酿售能力，每日饮酒人数多达千余的记录，引人仰望的架构外形，如樊楼的第一层就可下视皇宫。饮食行业的酒楼竟超过巍峨的宫廷，前所未有。因此在《赵伯升茶肆遇仁宗》中出现了对樊楼的歌唱：

> 城中酒楼高入天，烹龙煮凤味肥鲜，公孙下马闻香醉，一

饮不惜费万钱。招贵客，引高贤，楼上笙歌列管弦。百般美味珍馐味，四面栏杆彩画檐。

这首《鹧鸪天》并无出色水准，属于书会先生的平庸之作。但它的意义是借仁宗微服东京大街，看见樊楼所发出的感叹这一独特视角——樊楼不仅高，而且设施亦很华丽；不仅芳甘滋味，百种千名，而且可歌可舞，声色并茂。即以娱乐性这一点而言，樊楼就声名远扬。至临安时期的"丰乐楼"，夜至二鼓，仍有游人纵饮楼上，"歌童舞女，丝管喧沸"。反映了在酒楼娱乐已成风习，以致有人落魄，便想"何不买个锣儿，出去诸处酒店内卖唱，趁百十文，把来使用"。（宋小说《计押番金鳗产祸》）

樊楼已不同于过往朝代的那类宫室割鲜，异馔设于厅堂限于少数贵族的饮食类型了，而是一座完全以伎艺美肴招揽顾客、面向广阔市场的商业性的酒楼。《俞仲举题诗遇上皇》从另一角度佐证：穷困潦倒的俞良，本想"买些酒食吃饱了，跳下西湖且做个饱鬼"，以死解脱。但听见"丰乐楼"内鼓乐喧天，又见楼前立着两位干净侍者恭敬请人，俞良"见请，欣然而入"。甫一就座，俞良向一酒保说他约一相识在此饮酒，酒保"便将酒缸、酒提、匙、筷、盏、碟，放在面前，尽是银器"。这顿时使俞良心理得到了极大的满足和提升，于是，俞良痛快淋漓地让酒保"下酒""随你把来"，酒保就"折莫甚汁鲜果品，可口肴馔，海鲜案酒之类，铺排面前，般般都有"。

小说人用工笔般的腕力，精致详尽地刻画了一位窘迫不堪的书生在樊楼惬意饮酒的画面，出色珍贵的饮食器皿，无比丰富的佳肴美酒，还有那殷勤舒适的服务态度……勾勒出了一个极温馨的樊楼环境。樊楼环境的细描微写，无疑会刺激市民的口腹之欲，更主要的是由此展现了极其文明的饮食生活方式。

我们还可从另一篇小说《杨思温燕山逢故人》，看到这一颇具魅力的樊楼环境的投影。那是金朝燕山建设的一座广大的秦楼，"便似东京白樊楼一般，楼上有六十个阁儿，下面散铺七八十副条凳"，不止追求形似更追其神韵，秦楼竟招纳"旧日樊楼过卖"陈三儿在秦楼做"过卖"，他不在时则由曾在东京"寓仙酒楼"做"过卖"的小王顶替。"过卖"的选择，要以樊楼为准。无非是樊楼最能体现宋代城市饮食行业的规则。

陈三儿帮助杨思温找到失散的嫂嫂，则全凭着东京积累的樊楼经验，若小说描写："以指住下唇，思温晓得京师人市语，恁地乃了事也。"而陈三儿在深夜秦楼找人一幕，与《闹樊楼多情周胜仙》有异曲同工之妙。"更尽前后"的拂晓时分，周胜仙乘着火之际奔向樊楼，此时她"见酒博士"还在樊楼"门前招呼"生意……这似乎不经意间一笔，不仅验证了"夜深灯火上樊楼"的诗句，并非浪得虚名，而且也为宋代城市日常饮食生活文学开了饮食夜生活的生面，从而将长久地留在中国乃至世界的城市日常饮食生活文学的宝库中。

二

和宋话本小说中的饮食描写相比，宋代笔记更加专门化。有学者尽管不作专门的饮食著述，但以饮食命名著述，如庄绰的《鸡肋编》，更多的笔记作者则从其著作开辟一个专门的条目来记叙饮食，如吴曾《能改斋漫录》，体例有《记事》《记文》等，有关饮食则归入《仿物》一节。又如,陶谷《清异录》,则专设《馔羞门》《蔬菜门》《酒浆门》《百果门》《鱼门》《茗荈门》。这类笔记,还可举出一些,像百岁寓翁的《枫窗小牍》、赵与时的《宾退录》等,它们均有饮食方面的记载,但多为陪衬,又散落在某卷某节之中,不成体系。它们虽在质量和数量上均为汉唐所不及,但从格调着眼,尚未脱离汉唐以来琐谈史事风土专书的道路。

可贵的是,一类有别于过往的如《东京记》那样的历史地理题材和风格,专记城市市民日常生活的笔记,异军突起,它们是以孟元老(笔者考证孟元老为徽宗朝宗室子弟赵子道,详见《南开学报》2011年第3期)《东京梦华录》为代表的五部著作(另外四部为耐得翁《都城纪胜》、西湖老人《繁盛录》、吴自牧《梦粱录》、周密《武林旧事》)。还有卷帙浩瀚、以复杂著称的洪迈的《夷坚志》。这类著作在历史上第一次系统地展示了庞大的城市乃至小市镇市民日常生活的方方面面,从生育到婚姻,从居住到饮食,从游乐到休闲,从交通到园林……人们从娓娓道来的文字当中,仿佛听见对"粉""水饭"这类上层社会不屑一顾的食物的通俗吟咏和赞赏。

比较而言,给人印象深刻尤其是那些散布在城市大街小巷面向广大中下层市民的日常饮食,正像日本学者所说的:"在《东京梦华录》中最具独创性并大放异彩的记述,笔者以为是详尽记录名菜,以及描写因时刻不同而变化的小摊实态。"(久保田和南《宋代开封研究》)在《东京梦华录》每一卷每一节中,几乎都有流行的菜点和各类食物店行的记录,而且专辟《饮食果子》一节,这预示着城市日常饮食再也不是点缀,而是可以从诸多行当独立出来,并各擅胜场——

山间野味:盘兔、炒兔、葱泼兔;形象菜肴:假河鲀、假元鱼、假炙獐；烹饪技法：鹅鸭排蒸、莲花鸭签；刀工显示：旋切莴苣、荔枝腰子；海鲜名菜：炒蛤蜊、洗手蟹；茗事市脯：薛家分茶、丁家奉茶；专营店铺：段家熬物、李庆糟姜；清凉饮料：旧宋门外冰雪；零碎小吃：诸般蜜煎、香药果子；大众快餐：鹿家包子、王楼山洞梅花包子、曹婆婆肉饼、张家油饼、得胜桥郑家油饼、史家瓠羹、贾家瓠羹、丁家馒头、孙好手馒头……

众多菜点记录似百花盛开的园圃，不仅赏心悦目，也源源不断地为文学、史学等领域的创作提供了丰富的养料。单只烹饪而言，《东京梦华录》所记的北食李四、南食金家，就如别出烟波，为南北菜系打下了伏笔。《都城纪胜》的南北食派的记录亦源于此。

值得注意的是，在记述名牌菜点、著名食物店行时，《东京梦华录》所采取的多为市语俚言，如第一卷《大内》的"泛索"，其前身为早晨小食，称呼为"点心"，始于唐代贵族用语。至东京时期，衍变为市民口语，因"点心"可不定时取求即食，故得其名。

又如，杂嚼、杂煎、杂燠、批切、旋切、旋煎、下酒、熬肉、细料、罨生、生淹、着案、拔刀、片批、满麻、宽焦、桌花、侧厚、旋炙、下饭、下酒榼、饶骨头、馉饳儿、精浇粗浇、细抹顿刀、燠曝熟食……如此等等。正是这些市俗俚言与后来的《梦梁录》等著作中的市语俚言，如"科头细粉"，至清代《乡言解颐》还能找到踪迹，汇成了一条独立可循的城市市民日常饮食生活用语的大河。

孟元老还以极简约的笔触，将活跃在城市日常饮食生活中一系列群像描写出来，丰富了中国笔记文学的人物画廊：叫作茶饭量酒博士的卖酒"厨子"，腰系青花毛巾，绾危髻，为酒客换汤斟酒的"街坊妇人"，见子弟少年辈饮酒，近前小心供过使令，买物命妓，取送钱物的"闲汉";又有向前换汤斟酒歌唱,或献果子、香药之类,客散得钱的"厮波",还有不呼自来筵前歌唱的"下等妓女",又有专门卖药或果实萝卜之类,不问酒客买与不买,都与坐客,然后得钱的"撒暂"即"赶酒座者"……孟元老皆寥寥一笔,形神如出,不愧"白描高手"(邓之诚《东京梦华录注·序》)。

又为大家所熟悉的孟元老刻画的"呼索跑堂":"或热或冷,或温或整,或绝冷,精浇膘浇","行菜者左手杈三碗,右臂自手至肩,驮叠约二十碗,散下尽合个人呼索",反映了孟元老细致的观察力和精湛的文学表达力。孟元老之前的文学家,还从未将食店跑堂者如此生动地写入中国文学的历史。在孟元老之后的文学家,如著名的周密,在其影响下《武林旧事》这样描写了食店跑堂者:"酒未至,先设著菜数碟,及举杯则又换细菜,如此屡易,愈出愈奇,极意奉承;或少忤客意,或食次少迟,酒馆主人便将此人逐出。以此酒馆之中歌管欢笑之声,每夕达旦。"

从文学风格来看,孟元老的"跑堂"描绘可以奉为城市饮食文学人物的圭臬,周密则在酒楼服务方面精雕细刻,从而使饮食文学的特征更加突出。周密对酒楼服务观察独到,使明代的周清源一字不差地抄录进他创作的《寄梅花鬼闹西阁》小说中,由于宋与明的杭州日常饮食生活十分接近,加之文字生动逼真,使素有小说学养的专家竟不辨抄袭,以为是明代人所记杭州酒楼的习俗,其实是由笔记向小说转化的一个范例。

这种现象是相当多的,各朝代都有,只不过侧重点不同罢了。像清代震钧《天咫偶闻》记录北京酒店饮酒:以半碗四两计算,一碗半斤,"疑宋人所谓一角着即此"。宋酒库四月造酒,九月出卖,谓之"开清",清北京"犹沿此称"。而且断言:"盖此等酒店,其初必是金人由汴迁至者。"震钧感觉在酒店饮酒,"以其供应规例,仿佛《梦华录》所云也"。这种言必称"梦华"的做派,像一条鲜明的红线,贯串在宋以来的城市生活笔记当中,并已经独立成系统。

如较为常见的菜点小吃的记述方式,自宋以后元代熊梦祥的《析津志》,明代蒋一葵的《长安客话》和刘侗、于奕正的《帝京景物略》,清代李斗的《扬州画舫录》和崇彝的《道咸以来朝野杂记》……涌塞于途,络绎不绝。其内容极其相似,甚至加以互相置换亦不会使人察觉,若顾禄《桐桥倚棹录》,其"满汉大菜及汤炒小吃"记录,与《东京梦华录·饮食果子》记述方式内容无异。

又如,明代史玄《旧京遗事》述明代北京"五月,辐辏佳蔬名果,随声唱卖,听唱一声而辨其何物品者,何人担市也"。这情景颇得《东京梦华录》遗风,若《天晓诸人入市》的"卖药及饮食者、吟叫百端",以至每一吟叫又分流,如卖水果的"叫唱果子",正是这些独特的话语、独特的情景、独特的习俗、独特的审美观念的支流,交集成了以《东京梦华录》为代表的"梦华饮食体"。

如果将宋小说和宋前的小说比较的话,就会发现,唐小说也描写日常的饮食生活,但多简略,复杂一些的又多局限在贵族氛围中间,像张文成《游仙窟》所展示的:肉则龙肝凤髓,酒则玉醴琼浆;鲜脍共红缕争辉,冷肝与青丝乱色。至于水果则从南到北,无所不有,甚至东王公之仙桂,西王母之神桃……这不由让人想起汉赋中饮食的豪华铺排场面。宋小说则彻底改变了汉唐以来的珍馐芳香、器具琳琅的描写"程式",将笔触深入到看去无足轻重的城市日常饮食生活的各个方面——

熬肉、猪肚、蒸饼、枣糕、馒头、牛肉、酒……日常生活最为普通的食物,构成了小说的基本元素。小说承载起推广方便快餐,如吃捏些盐穿在竹签上的馂馉儿食品方式,过卖,酒保,伺候客人饮食的店小二,送牛肉的破落户,点茶婆婆,为人调和的茶博士……成了小说不可或缺的角色,编织出了小说丰富的故事情节。"菜自菜,姜自姜,各样果子各样妆;肉自肉,羊自羊,莫把鲜鱼搅白肠;酒自酒,汤自汤,腌鸡不要混腊獐。"小说人借举止特异的李翠莲的"快嘴",将饮食的某些规范,巧妙地融入市民的日常生活。

在小说人的笔下,酒楼茶肆不仅仅是开怀畅饮之地,更是各阶层人员交往和舆论传播的中心。皇帝在酒楼体贴下情,甚至在这里处理不平。另一方面,是娱乐的舞台,青年男女在酒楼打情骂俏,眉目传情,无拘无束地上演辛辣活泼、惊险刺激的爱情闹剧……我们不妨将此类以樊楼为背景的小说称为"樊楼题材小说"。

小说人还创作了茶肆题材的小说,如《阴骘积善》:张客在客店遗失一装有锦囊的布囊,内有大珠百颗,被林善甫拾到。林为找到失主,沿路张贴"拾物告示"。张客见到直奔京城,在一茶肆找到林善甫,林与张客对上遗失的珠数,便将百颗大珠悉数交张,张执意要给林善甫一半,林坚拒,只是恐后无以为凭,让张写了一副领状再领去这珠子。张客只得写"领状"领了珠子。

这篇小说是"京师老郎流传至今",可知在东京流传已久,《摭青杂说》是这样描述"樊楼畔"有这一拾金不昧的小茶肆,"甚潇洒清洁,皆一品器,椅桌皆济楚,故买茶极盛"。应该说,笔记作家对樊楼的推许为《阴骘积善》的创作奠定了基础。因此它与《摭青杂说》中那个茶肆还金的情节几乎同出一辙。

特别是结尾处,茶肆主人说出一番谢绝酬金的话,小说的茶肆竟负担起道德层面的职责，这是饮食文学观念日趋成熟的一面。同时也见茶肆主人的拾金不昧，修养可嘉，但也不能不与东京饮食行业的严格讲究无关。小说《万秀娘仇报山亭儿》，就为我们展示了茶坊不得收容偷钱的"茶博士"的情况。宋代的小说与笔记已开启了互相借鉴、互相融合、同步进展之航。

这表明对饮食的描述，尤其对城市日常饮食生活的描述，已成为一种文学现象，在这方面笔记文学是不甘落后的。赵令畤将摘奇捡怪整合成书，以《侯鲭录》命名，显示了士大夫阶层以笔记小说样式"合"奇膳为"鲭"寓意饮食的追求。

如黄庭坚所说："烂蒸同州羊羔，沃以杏酪，食之以匕不以筷。抹南京面，作槐叶冷淘，糁以襄邑熟猪肉，炊共城香稻，用吴人脍松江之鲈。既饱，以康王谷帘泉，烹曾坑斗品。"这为后世提供了有益的饮食材料和方法，明代张岱与友举行"蟹会"所总结的美味食法，就有意模仿了这一口气。

但《侯鲭录》这类笔记尚未脱离记事实，探物理，辨疑惑，采风俗，助谈笑等笔记的传统，虽然作者熟悉饮食，谈酒论菜亦为本色，可仍限于贵族之间，与那种记述广大人民群众日常饮食生活的笔记相去甚远。这个问题到《东京梦华录》才彻底解决，像著名的汉学家奚如谷（Stephen West）所说的那样："油饼与朝廷显贵甚至得宠后妃的大宅获得了同等的重要性；皇室禁忌、士庶殡葬以及'无有乱行者'的猪群，被认为是属于同样一个世界。"一向在笔记中处于消闲、衬托、边缘地位的日常饮食生活，在《东京梦华录》中有了"独立自主"的变化。在很大程度上，我们甚至可以把《东京梦华录》当成东京市民日常生活的饮食指南或茶肴点心的百科全书。

这种倾向到南宋则更甚，《梦粱录》用了整整一卷的篇幅，详细记述了临安的茶肆、酒肆、分茶酒店、面食店、荤素从食店、米铺、肉铺、鳖铺等，以与上寿赐宴、元旦朝会、中秋观潮、厢坊桥道、府治家庙、禁军巡警、历代人物、都市钱会……平分秋色，并驾齐驱。文学家周密也加盟到了记述城市日常饮食生活的文学队伍中来，他在《武林旧事》记述了酒楼、市食、诸色酒名等，还描述了"挑菜""进茶"这类特殊的饮食样式，虽是皇家气象，但同样可以归入城市日常饮食生活文学体系。凡涉及饮食之处，周密均发挥文字清新的特长，将其写成精美的小品文，使人感受到了城市饮食文学的魅力。

对城市生活"烂赏叠游"的孟元老，深知只有通过类似清晨"饶骨头"这样的唱叫饮食的叙述，才会使人对城市风格的思念更为愉悦和持久，因而《东京梦华录》抛弃了正史官样文章的途径，在宋代文学丛林里开辟出了一条以"上下通晓"的语言记述市民日常饮食生活的笔记创作道路，并带动了一大批仿效者，像未知何代的郑之鎏的《续东京梦华录》、元代费著的《岁时纪丽谱》、李有的《古杭杂记》、明代佚名的《如梦录》、李濂的《汴京遗迹志》、沈榜的《宛署杂记》、清代涤浮道人的《金陵杂记》、无名氏的《燕京杂记》、张焘的《津门杂记》、顾禄的《清嘉录》、让谦的《春明岁时杂记》、闲园鞠农的《燕市货声》、民国钟毓龙的《说杭州》……如果从这些著作中仅抽出饮食生活一节，就可以组成一部可信程度颇高的中国古代城市日常饮食生活笔记文学史。而源头无不追溯到宋小说笔记及饮食文学，但那将是另一篇文章的题目了。

以《东京梦华录》为中心的"梦华体"文学[1]

一

《东京梦华录》引起人们的关注,是因为这部书展示了北宋都城东京的概貌及其各方面的社会生活。从样式观察,《东京梦华录》仿宋敏求的《东京记》,记述东京的宗社典祀、宫阙桥道"尤详",故"系之地理类"。至明清,对《东京梦华录》为历史地理类著作的见解已成定式,从《四库全书总目提要》评价可见一斑:"当时典礼仪卫,靡不赅载。虽不过识小之流,而朝章国制,颇错出其间。核其所纪,与《宋志》颇有异同。"此类看法反映出多数学者的注意力落于《东京梦华录》的典章制度等方面。

---

[1] 美国亚利桑那州立大学亚洲研究中心主任,前加州大学伯克利校区中国及东西语言文化教授奚如谷(Stephen H. West)寄来数篇研究《东京梦华录》的文章于我,顺致谢意。

其实，倘若稍加仔细，就会发现"记"与"梦"显然为不同的思维表述方式，就像现代文学学者认为的那样："梦对现代中国文学审美角度而言只能归入'纯文学'的象征。"从"梦华"语义看，它源于文学的想象。孟元老在《东京梦华录·序》里就这样说道："古人有梦游华胥之国，其乐无涯者。仆今追念，回首怅然，且非华胥之梦觉哉？"据此可见，孟元老是将其著的源头追溯到最初的《列子·黄帝篇》中所向往的华胥氏之国：

> 其国无师长，自然而已。其民无嗜欲，自然而已。不知乐生，不知恶死，故无夭殇；不知亲己，不知疏物，故无爱憎；不知背逆，不知向顺，故无利害；都无所爱惜，都无所畏忌。入水不溺，入火不热。斫挞无伤痛，指擿无痟痒。乘空如履实，寝虚若处床。云雾不碍其视，雷霆不乱其听，美恶不滑其心，山谷不踬其步，神行而已。

孟元老就是在这样缥缈虚无的文学描写氛围中展开追忆东京之旅羽翼的，这也是其著曰"梦华录"的原因，它表明了孟元老受先秦以来"梦"的文学的影响，类如宋玉的《高唐赋》《神女赋》给人梦幻优美无穷之遐想，尤其唐以来《南柯太守传》淳于芬、《枕中记》卢生，以梦至大都名城寻富贵：悠然入梦，尽享荣华；一觉醒来，不禁怅然……这种情绪化在《东京梦华录》里是极其鲜明的，如卷七《驾回仪卫》所宣泄的既快乐又惆怅的那种调子。

一有机缘，便做回忆东京繁华的"梦"，正是孟元老所处的生存环境所给予他的"投影"——靖康之后，北宋皇室、重臣大吏、商贾士人、业主工匠……成千上万，渡江南来，他们给临安带来最多的是对东京生活的回想，以至许多人"闻退珰老监谈先朝旧事，辄耳谛听，如小儿观优，终日夕不少倦"。恰逢此时的孟元老，也涌入了这"故老闲坐必谈京师风物"的习气之中，成为这一历史时刻的优秀的参与者与表现者。

当然，从回溯描写城市文学历史角度看，早在春秋之际就揭开了序幕，如《诗经·小雅·斯干》详细叙述了周王建筑都城的环境："如跂斯翼，如矢斯棘。如鸟斯革，如翚斯飞。殖殖其庭，有觉其楹。哙哙其正，哕哕其冥。"多么安静舒适的宫室，令人神往。苏秦对齐国临淄人民无不吹竽鼓瑟，斗鸡走犬，车毂击，人肩摩，连衽成帷，举袂成幕，挥汗如雨，家敦而富的刻画则更脍炙人口，树立了城市繁荣的典范。

尤为汉代，扬雄的《蜀都赋》，傅毅的《洛阳赋》，班固的《西都赋》《东都赋》，张衡的《西京赋》《东京赋》《南都赋》，徐幹的《齐都赋》，刘桢的《鲁都赋》等一系列的赋，如张衡《西京赋》中的"城郭之制，则旁开三门，参涂夷庭，方轨十二，街衢相经，廛里端直，甍宇齐平，北阙甲第，当道直启"，与之相映衬的是一统四海的天子，执掌虎旅的将军，贵族的高车怒马，官僚的拖紫曳红；在排铺张扬的华丽辞藻中，联翩而来的是：犀象珠玉，金银错镂，兵弩舆服，骑奴侍童，宫楼池苑，穷极伎巧，秘戏连叙，逍遥俯仰……人们不仅欣赏到宏伟壮美的城市，也了解到这种以帝王生活为中心的城市规制。

这类描写城市生活的文学作品，或诗或策或赋，给秦汉以来的文学样式以极大影响。它们大致可分两路繁衍发展。一路有专记一城的，如葛洪的《西京杂记》、陆翙的《邺中记》，也有专记风土人情的，如比较宏观的周处的《风土记》，比较微观的如盛弘元的《荆州记》。另一路则是刘义庆的《世说新语》，杨衒之的《洛阳伽蓝记》。《世说新语》以描写贵族生活、文笔简洁取胜，往往文字百余，却对话、叙述纷呈，人物神态毕现。《洛阳伽蓝记》则以佛寺系事，记录其变迁兴衰，其间穿插民谣俗言讹语，勾勒出一幅幅南北朝时期的城市生活的画面。应该说这两本杰出的笔记之手法给《东京梦华录》风格以影响。

至唐，风土人情路子的笔记如二水分流，颇显壮观，如段公路的《北户录》、李淖的《秦中岁时记》、韩鄂的《岁华纪丽》、苏鄂的《苏氏演义》、张鷟的《朝野佥载》、赵璘的《因话录》……特别是记事记人类型的笔记，给小说的创作提供了借鉴和养料，使唐人小说作为一种特殊文体，转成新鲜。唐笔记、小说虽然仅有局部而未形成系统的对城市生活的描述，但无论在样式上还是内容上，都为《东京梦华录》的问世做好了历史的铺垫。

二

《东京梦华录》研究的历史资料认为，是孟元老优美的文笔令东京的盛况得以凸现的："故若绛山灯火，水殿争标，宝津男女诸戏，走马角射，及天宁节女队归骑，年少争迎，虽事隔前载，犹令人想见其盛。"(《跋文》)孟元老恰如其分地选择了东京最具代表性的事件，并予以文学的剪裁和表述，如卷七《三月一日开金明池琼林苑》："诸禁卫班直，簪花，披锦绣，撚金线衫袍，金带勒帛之类，结束竞呈鲜新。出内府金枪，宝装弓箭，龙凤绣旗，红缨锦髶，万骑争驰，铎声震地。"孟元老描绘的场面豪华而又隆重，使人联想到北宋政和年间陈济翁的《头上宫花颤词》："去年今日，从驾游西苑。彩仗压金波，看水戏，鱼龙曼衍。宝津南渡，复坐近天颜,金杯酒,君王劝。头上宫花颤。"两相对比,使我们得以窥见孟元老向传统诗词汲取养分的一面。

孟元老甚至可以作出与著名词人媲美的词句来,如卷六《收灯都人出城探春》:

> 次第春容满野,暖律暄晴。万花争出,粉墙细柳斜笼,绮陌香轮缓辗。芳草如茵,骏骑骄嘶,杏花如绣,莺啼芳树,燕舞晴空。红妆按乐于宝榭层楼,白面行歌近画桥流水,举目则秋千巧笑,触处则蹴鞠疏狂。寻芳选胜,花絮时坠金樽;折翠簪红,蜂蝶暗随归骑。

这一对春景之铺排,观察之细密,造句之华美,遣词之工整,均不输于当时文坛高手。我们将视界再放开阔一点,将它与善写都市生活的柳永的《抛球乐》相比,就会发现他们之间可称同宗同脉,相去不远。柳词的上半阕:

> 晓来天气浓浓,微雨轻洒。近清明,风絮巷陌,烟草池塘,尽堪图画。艳杏暖、妆脸匀开,弱柳困、宫腰低亚。是处丽质盈盈,巧笑嬉嬉,手簇秋千架。戏彩球罗绶,金鸡芥羽,少年驰骋,芳郊绿野。占断五陵游,奏脆管、繁弦声和雅。

柳永和孟元老对春景的描述相近,可见孟元老对柳永词有着明显的接受影响的痕迹。他将学习变化了的词意注入《东京梦华录》,以奏"新声"。比如我们从陈元靓《岁时广记》获知,最初的《东京梦华录》的祖本就引用了不少数量的诗词,如《除夕》结尾处引用的是:"古词云:兽炭共围,通宵不寐。守尽残更,待春至。"(陈元靓《岁时广记》摘录不少《东京梦华录》的内容,于此可见《东京梦华录》祖

本之貌,亦可资《岁时广记》校勘于《东京梦华录》)

据此,我们认为孟元老在很大程度上像是长期受传统诗文熏陶教育而专事笔墨的士人,具有相当深厚的文学修养,从《东京梦华录》十分典雅的序言中可以寻找到支持这一看法的证据,如"灯宵月夕,雪际花时;乞巧登高,教池游苑。举目则青楼画阁,绣户珠帘,雕车竞驻于天街,宝马争驰于御路"。这样对仗工整的句子,简直可称骈文的范本。

可以说,在《东京梦华录》中随处可见孟元老这类的"炼字"功夫。如卷二《饮食果子》:"诸酒店必有厅院,廊庑掩映。"这是撷取宋代文人诗词常用若隐若现、半藏半露之意。在卷七《清明节》则又作为"轿子即以杨柳杂花装簇顶上,四垂遮映"。"遮映"与"掩映"互文,意同,亦隐蔽之意。在卷七《驾登宝津楼诸军呈百戏》中,孟元老形容宫监"雅态轻盈,妍姿绰约"。"绰约"为典型的文人语言,在宋代笔记小说中常见(参见李献民《云斋广录》卷七《无鬼论》、卷八《神仙新说》等内容)。

尤其是孟元老所刻画的一系列食店人物的形象:叫作茶饭量酒博士的卖酒厨子;腰系青花毛巾、绾危髻、为酒客换汤斟酒的街坊妇人;见子弟少年辈饮酒,近前小心供过使令,买物命妓,取送钱物的闲汉;又有向前换汤斟酒歌唱,或献果子、香药之类,客散得钱的"厮波";还有不呼自来筵前歌唱的"下等妓女";又有专门"卖药或果实萝卜之类,不问酒客买与不买,都与坐客,然后得钱"的"撒暂",即"赶酒座者"……孟元老皆寥寥一笔,形神如出,不愧为邓之诚所称赞的"是谓白描高手"(《自序》)。尤为孟元老精心刻画的"呼索",更可见其精湛的文学功力:

客坐则一人执箸纸,遍问坐客。都人侈纵,百端呼索,或热或冷,或温或整,或绝冷,精浇、臕浇之类,人人索唤不同。行菜得之,近局次立,从头唱念,报与局内。当局者谓之"铛头",又曰"着案"讫。须臾,行菜者左手杈三碗,右臂自手至肩,驮叠约二十碗,散下尽合各人呼索,不容差错,一有差错,坐客白之主人,必加叱骂,或罚工价,甚者逐之。

在孟元老之前的文学家,还从未将食店跑堂者如此生动细微地写入中国的历史。孟元老又将这样的手法扩至更为"宏观"的城市社会的市民阶层:婢妮、打铁牌子报晓的行者、箍匠、轧草者、媒婆、卖水者、卖蜜煎的王道人、卖绣作的诸寺尼姑、酒食作匠、行老牙人、瓠羹店叫饶骨头的小儿、杀猪羊作坊者……举凡诸色杂卖、芸芸众生,都被孟元老信笔拈来,毫无疏失。于是,我们经常看到似乎是两个孟元老,一个是娴熟地操着市民社会通行的俗言俚语,浪迹街闾的导游,向观众娓娓而谈东京里巷的风情;另一个则是留意嘉礼,传闻节次,出入于宫廷、上流社会,不时吟咏出文雅之词的传统士子。这一"下"一"上"的风格,在《东京梦华录》中不时交替出现,从而形成与众不同的独特的《东京梦华录》文学表述风格。

在《东京梦华录》某些方面,孟元老还是尽可能模仿主流社会所认可的文体来进行著述,以期引起共鸣。如卷八《立秋》之首:"立秋日,满街卖楸叶。妇女儿童辈,皆剪成花样戴之。"这句是因袭于崔寔的《四民月令》,一字不易。类似这样的表述,在《东京梦华录》中不止一处。但孟元老并未完全走此传统的路线,而是适可而止。他在更多的方面是突出"俗",像"泛索"(卷1,《大内》),"一角"(卷2,《宣德楼前省府宫宇》),"四梢"(卷3,《马行街铺席》),"动使"（卷4,《会仙酒楼》），"吃茶"（卷2,《潘楼东街巷》），"左近"（卷6,《收灯都人出城探春》）等经过提炼的俗语，甚至大量的市间俚语，使我们仿佛听见早市那吟叫百端的市声（民国北京坊间叫卖声即由东京流传衍变而来，见闲园鞠农《燕市货声》），如孟元老叙及烹饪，就不加任何修饰地将其"旋煎""批切""杂嚼"等直接应用入文，这种物必俗称、字必俗写的以俗为主的写作风格，又常常穿插于典雅的文辞之中，如卷七《驾回仪卫》所记：

> 妓女旧日多乘驴，宣政间，惟乘马，披凉衫，将盖头背系冠子上。少年狎客，往往随后，亦跨马，轻衫小帽，有三五文身恶少年控马，谓之"花褪马"。用短缰促马头刺地而行，谓之"鞅缰"。

在这里，"花褪马""鞅缰"已与文言并用，似水乳交融般合成一体。孟元老就是在这种亦雅亦俗的铺叙之中，将对东京奢侈生活的无限眷恋宣泄得淋漓尽致。这种回忆盛世，描摹新的城市市民日常生活的文字，像一条鲜明的红线贯串于《东京梦华录》始终，形成了"梦华"文体。

三

汉、唐以来的以记风土尤其是城市风土而擅胜场的笔记已有一定的数量，如应劭的《风俗通义》、宗懔的《荆楚四时记》、郑处诲的《明皇杂录》、王仁裕的《开元天宝遗事》、崔令钦的《教坊记》、孙棨的《北里志》、刘恂的《岭表录异》……形成了笔记风土文学类最初的峰峦。但这些笔记局限于或一城或某一方面或人物或琐闻或典章，且其所述多为搜奇掠胜、志神志异、碎语逸事等，尚未达到全景或全方位以城市市民日常生活为中心的地步。

《东京梦华录》的出现则填补了这一"空白"，它除有笔记小说所具备的风土岁时之胜，兼及游观之盛，娱乐之资等功能外，还特别具备以城市市民日常生活为底蕴，开都市文学滥觞之风。这是因为《东京梦华录》所产生的时代乃是中国城市经济和市民社会蓬勃发展的时代，《东京梦华录》是以完全意义上的记述这种都市日常生活的作品面目出现的。它一丝不苟而又全面地描绘了不同于过往的如通宵达旦的早、夜市及较为新潮的市民阶层。这是任何一本在《东京梦华录》之前或以后的反映城市生活的笔记小说都不能及的最主要原因。

正是由于《东京梦华录》所依据的这一无可替代的地位，它也就具有了开创性的文学性质的位置，它才脱离了那种就固定的城市格局而平铺直叙的笔记传统，笔端巡行在供应市场的鲜鱼与猪、贴在生药铺当作广告的李成的山水画、满载货物铃声叮当的太平车……而巍峨壮观的皇宫只不过是作为背景陪衬。

《东京梦华录》采取了"大时空观"下的"散点透视"，引领着人们去识园林之胜、科技之光、祭祀仪式、寺观桥道、方物户口、铺席货行、虫鱼花果……一览无余商业经济发达中的城市社会的一切元素。《东京梦华录》在很大程度上给人的印象是购物的向导、美食的指南、习俗的惯熟、技艺的汇览……但所有这些，是站在市民的平凡、琐细的日常生活视角而发的，因而形成了一种新的整合的、充满多种成分的历史文学的认知体系。

换言之，《东京梦华录》抛弃了正史官样文章的途径，在宋代文学丛林里开辟出了一条以上下通晓的语言记述市民日常生活，回忆都市繁华的笔记小说的创作道路。这一点在《东京梦华录》刊板印行之后,紧步其履的《繁胜录》《都城纪胜》《枫窗小牍》等,以及大量的笔记、小说中的白描式的记录城市、市民生活的文学中得到了证实。

也就是说,《东京梦华录》自南宋以来已经定格成了一种固定的样式,后人依此样式,凡朝廷典礼、坊巷习俗、市肆节物、教坊乐部……无不备载,"以怊怅旧游,流传佳话"(《跋》),"以繁华靡丽相诩"(《繁胜录》),"缅怀往事,殆犹梦也"(《序》),构成了这些著作"足以仿佛东京之盛"的"不能不为之兴叹"(《跋》)的鲜明的"梦华"特色,说它成为一种文体,甫一问世便显得丰满圆润丝毫不过。

以至许多文士无不以模仿《东京梦华录》为荣,如南宋开禧年进士刘昌诗所作的《上元词》,"备述宣政之盛",就被推崇为"当与《东京梦华录》并行"(《自序》)。著名文学家周密所作《武林旧事》不仅体例与《东京梦华录》相类,其中某些章节如《西湖游幸》堪称休闲游乐小品文的典范,其神韵亦可溯于《东京梦华录》的"西池"的士庶纵赏……这就如同吴自牧所著《梦粱录》,不仅书名酷肖《东京梦华录》,而且书中有的内容也几乎与《东京梦华录》运用一致的笔调……但这类著作绝非只停留在汴亡而感慨系之层面上。而是像《四库全书总目提要》概括此类著作所云:"其间逸闻逸事,皆可以备考稽,而湖山歌舞,靡丽纷华,著其盛,正著其所以衰,遗老故臣,恻恻兴亡之隐,实曲寄于言外,不仅作风俗记、都邑簿也。"这真是一语中的,道尽了"梦华体"类文学所以兴盛的个中原因。

《东京梦华录》固有其乡愁的寄托、兴亡的感慨、帝京的辉煌,但更为宝贵的是以记城市市民琐碎的日常生活而连带舒适的口腹之欲，技艺的烂赏叠游……形成了一系列颇值得回味的有趣的"东京风格"的无尽思念。正是由此，为使官能愉悦持久，又能经常沉湎于似水年华的追忆，亦为便于日益进步的社会各个阶层尤其是渐次壮大的市民阶层的阅读习惯的需要，仅此《东京梦华录》一家然而大家都愿欣赏的歌舞升平的盛世文学的样式，成了一个值得不断效仿的范本。故自《东京梦华录》之后的各代均有类似的著作问世。

它们是元代熊梦祥的《析津志》、陶宗仪的《元氏掖庭记》、李有《古杭杂记》……明代顾起元的《客座赘语》、蒋一葵的《长安客话》、史玄的《旧京遗事》、李濂的《汴京遗迹志》、刘侗和于奕正的《帝京景物略》、沈榜的《宛署杂记》……清代李斗的《扬州画舫录》、吴应箕的《留都见闻录》、袁景澜的《吴郡岁华纪丽》、涤浮道人的《金陵杂记》、佚名的《金陵纪事》、汪启淑的《水曹清暇录》、朱彝尊的《日下旧闻考》、孙承泽的《春明梦余录》、袁栋的《书隐丛说》、崇彝的《道咸以来朝野杂记》、震钧的《天咫偶闻》……民国钟毓龙的《说杭州》、陈小蝶的《武林旧思录》、孙正容的《南宋临安都市生活考》……

如此类似笔记小说，虽然名目繁多，但总括起来，仍然是蹈袭着《东京梦华录》的风格。余怀的《板桥杂记》曾以问答形式揭示了这类著作的内涵：

> 或问余曰："《板桥杂记》，何为而作也？"余应之曰："有为而作也！"或者又曰："一代之兴衰，千秋之感慨，其歌可录者何限？而子惟狭邪之是述，艳冶之是传，不已荒乎！"余乃听然而笑曰："此即一代之兴衰，千秋之感慨所系也！金陵古称佳丽之地，衣冠文物，盛于江南，文采风流，甲于海内，

白下青溪，桃叶团扇，其为艳冶也多矣。洪武初年，建十六楼以处官妓，淡烟轻粉，重译来宾，称一时之盛事。自时厥后，或废或存，迨至百年之久，而古迹浸湮……鼎革以来，时移物换，十年旧梦，依约扬州，一片欢场，鞠为茂草，红牙碧串，妙舞清歌，不可得而闻也；洞房绮疏，湘帘绣幕，不可得而见也；名花瑶草，锦瑟犀毗，不可得而赏也；间亦过之，蒿藜满眼，楼馆劫灰，美人尘土，盛衰感慨，岂复有过此者乎？郁志未伸，俄逢丧乱，静思陈事，返念无因，聊记见闻，用编汗简，效东京梦华之录，标崖公蚬斗之名，岂徒狭邪之是述，艳冶之是传也哉？"客跃然而起曰："如此则不可以不记。"于是作《板桥杂记》。

一叶知秋，从余怀自述可见此类著作沿袭的都是《东京梦华录》的路线——缅怀繁华，排遣惆怅，记录风土，细述街市，憧憬太平，享乐无尽，纵情食色……成为这类著作的共同的"梦华"特点。它们或亦步亦趋，甚至连题目也模仿《东京梦华录》。

像未知何代的郑之鎏的《续东京梦华录》、明代佚名的《如梦录》、陈莲痕的《京华春梦录》、何刚德的《春明梦录》、王先谦的《东华续录》、蕊珠旧史的《梦华琐簿》，等等。有的则承《东京梦华录》中某一方面而扩大，如城市风土类的著作，像燕归来簃主人《燕市负贩琐记》、张江裁次《燕市百怪歌》、富察敦崇的《燕京岁时记》、让谦的《京都风俗志》和《春明岁时琐记》……像清代顾禄专记苏州风土的《清嘉录》、《桐桥倚棹录》所记《凉水》、《珠兰茉莉花》《立秋西瓜》《锡糖》等小商贩甚详，恍入"梦华"之境，所载满汉大菜及汤炒小吃则有《东京梦华录》中《饮食果子》的余风。而其后范祖述的《杭俗遗风》，其婚姻类景象则不过是《东京梦华录》中婚俗的延续。甚至明太监刘若愚所著《酌中志》，仍于端严纪录之中不忘轻松写上一二笔的《饮食好尚纪略》《见闻琐事杂记》之类文字。

《东京梦华录》所营造出来的"节物风流、人情和美"的思想氛围，成了"梦华体"文学中永不衰竭的主题，它对小品文的写作产生了极大的影响。以明朝张岱《陶庵梦忆》中的《扬州清明》为例，那种以展墓而交易的场景，似乎仅与金明池之景稍作置换，至于借清明而游乐则无异于汴梁风物重生——走马放鹰、斗鸡蹴鞠、浪子相扑、童稚纸鸢、车马纷沓、宦门淑秀、山花斜插、臻臻簇簇……"余目盱盱，能无梦想？"我们从张岱的感慨真切地看到了《东京梦华录》作为一种文体的生命力。甚至当代，仍有相当数量的著作家沿续着这类"梦华"的路子展开创作，我国台湾学者王德威就举出旅美小说家张北海的《侠隐》为例：

> 为了营造叙事的写作气氛，张显然参照了大量二手资料，自地图至小报画报、掌故方志，巨细靡遗。他的角色特别能逛街走路……所到之处，旧京风味，无不排挞而来。

然而，"《东京梦华录》所描写的东京，早已荡然无存。《北京梦华录》所描写的北京，又有多少痕迹留得下来？"王德威发出了无可奈何的感慨，但他同时又说："瞬息京华，求诸他日，惟有梦寐，惟有文章。"此说有理，"梦华体"作为自《东京梦华录》而来的一种文体，将随着时代的发展而长久地继续下去并将不断推出这类著作来。《侠隐》只不过是"梦华体"中一个例证罢了。

孟元老考

《东京梦华录》作者孟元老的考证一直是个悬而未决且始终被学术界所关注的问题。

早在明代，李濂就对孟元老的实际身份提出过疑问，认为他寓京师二十三年之久，记载时事，应极为详备，"但是时艮岳已成，梁台、上方寺塔俱在，而录内无一言及之，不知何也"。（李濂《汴京遗迹志》卷三十八《艺文》五）

至清代，开封的常茂徕在《读东京梦华录跋》提出："艮岳之筑，专其事者为户部侍郎孟揆。揆非异人，即元老也。元老其字而揆其名者也。推元老之意，知其负罪与朱勔等，必为天下后世所共指责，故隐其名著其字。噫，揆亦黠矣哉！"（孔宪易《孟元老其人》引《怡古堂文抄》稿本）常氏观点，有望风扑影之嫌，但他提出孟元老怕后世指责故隐名的见解是有益于孟元老考证的一个思路。

民国期间史学家邓之诚对常茂徕这一观点展开了激烈批评，认为是"奇想天开，坐实元老即孟揆。观其称朱勔为太守,胸无黑白可知"。(邓之诚《东京梦华录注·自序》)笔者认为,邓先生的评论过于武断,常之观点尽管不够圆通,但不乏可采之处。

20世纪80年代以来,由于《东京梦华录》日益被研究者所运用。对其书作者孟元老的研究也提到日程上来。开封老一辈史学工作者孔宪易发表了《孟元老其人》(《历史研究》,1980年第4期)一文,否定了清人常茂徕的看法,实际上孔亦未提出任何新鲜意见,仍循从姓氏着眼来证实孟元老乃虚构的研究方法,其主要论据认为孟元老乃孟昌龄及其诸子孟揆、孟持、孟扬、孟扩等"有服"晚辈族人——孟钺。孔文发表后,据说颇受学界重视,《中国大百科全书》关于《东京梦华录》作者孟钺的著录,即由此所从出。(见李致忠《〈东京梦华录〉作者续考》,《文献》季刊,2006年第3期)

但是,真正就此而展开对孟元老考证的却很少,只有一位顾传渥先生的《何人孟元老》[顾传渥《何人孟元老》,《西北师范大学学报(哲学社会科学版)》,1981年第1期],顾先生不蹈旧说,另辟新径,考证孟元老为《东京梦华录》中的孟景初。其立论根据主要从《东京梦华录》中的伎艺材料。顾文较之孔文又更进一步,为研究者提供了一个从《东京梦华录》本身研究的途径,是很有价值的。但却无继响者。

直到2006年,李致忠先生的《〈东京梦华录〉作者续考》才打破了孟元老研究的寂静。李文在孔宪易考证孟元老的基础上更加深度扩展,力主孟钺为孟元老说,并归纳了孟钺的大致轮廓:孟钺,号幽兰居士,元老盖是其俗称,分宁(今属江西修水)人。孟昌龄孙,孟扬、孟揆子辈。曾官开封府仪曹。靖康元年(1126)被放逐。翌年,离开汴梁,避地江左。晚年写成《东京梦华录》。

李文似乎又勾起了研究者对孟元老研究的兴趣。笔者即在其中。从孟姓入手探讨孟元老不失为一条考证路径，笔者就曾如此寻证过，然而至今仍得不出令自己满意的结论来，可以说，孟钺为孟元老之命题几近主观揣测。笔者认为，要想弄清孟元老本来面目，只有从外、内两部分入手方可奏效。所谓外部，即孟元老出于社会何等附层，其生活和营干（营干即公干，见《东京梦华录》卷三）经历如何。所谓内部，主要是《东京梦华录》文本及其特点。这两部分的考查要穿插联合运行，并置于当时的广阔的历史社会大环境中，多方发见，互相证明。笔者遵循这样的研究思路，就孟元老考证作一粗浅的尝试。

赵子淔的出身与经历

弄清孟元老为何人？必须要从五个基本的必备条件开始。

一、要具备能与《东京梦华录》所记内容相符的年龄即孟元老必须是生于北宋神宗元丰末年，青壮年时期，必须与徽宗朝相始终，即主要从崇宁二年（1103）起，经大观、政和、重和、宣和、靖康，四十余岁南渡，至南宋绍兴二十年（1150）左右止。二、孟元老必须是与众不同的特别忠于皇室并与皇室有血缘关系的"天眷"宗室子弟。三、孟元老必须具有随侍皇帝的官职。他是许多重大宫廷庆典活动，尤其是一般官僚难以厕身和窥见到的第一现场的目击者、亲身经历者。如孟元老扬扬得意自道："凡大礼与禁中节次，但尝见习按。"四、孟元老必须拥有富足的物质生活条件、环境，大量的悠闲的时间，活动相对自由，优裕地、高层次地享受都市生活的能力和身份。五、孟元老必须对建筑、诗等文学样式，乃至饮食、伎艺有着特殊的研究和爱好。

那么，具备这五个基本条件的人是何许人也？根据研究，笔者认为：孟元老为赵子淔。

赵子淔，《宋史》有传（脱脱《宋史》卷二四七《列传》第六《宗室四·子淔》），他系宋太祖次子燕懿王赵德昭五世长孙，即史书所说的宗室子弟。其父为赵令铄，是宋立朝以来宗室登科及第为进士的第一人（王明清《挥麈录》前录卷之一），后官至宝文阁待制。

《宋史》未交代赵子淔生于何年，只记他六十七岁即约在绍兴二十年（1150）逝世。以此推之，绍兴元年（1131）仍蒙高宗赵构召见的赵子淔，时年约四十八岁，故可知他的少年时代即十八岁之前是哲宗朝时期，但赵子淔并非一降生就在东京生活，因其父赵令铄"在选中"，极可能不时穿梭于外地与东京之间，这就是《东京梦华录·序》所说的"仆从先人，宦游南北"官样套话的缘由。自十八岁始，赵子淔才来到东京居住，如《东京梦华录·序》所述孟元老是"崇宁癸未（1103）到京师"的。

强调这一时间是极其重要的，因为崇宁二年在宋代宗室历史上可以说是一"分水岭"，在此之前，由于宗室"疏属外居，仅遍都下，出入无禁，交游不节，往往冒法犯禁"。（《宋会要》帝系五之十五、十六）朝廷于崇宁元年（1102）命秦王廷美位下的子孙出居西京河南府（洛阳），设西外宗正司；命太祖位下子孙出居南京应天府（今河南商丘），设南外宗正司。

作为太祖位下子孙的赵子淔应在出居南京应天府的行列里。崇宁二年（1103），赵子淔随任京官的父亲由南京来到了东京。自此后除靖康南渡外，按朝廷对宗室子弟不得随意离开首都的限令，赵子淔再未离开过东京，他的成长成熟期是在东京展开的，孟元老在

《东京梦华录·序》中所说自己在东京"渐次长立",是符合赵子渢实际的。

赵子渢因其宗室身份,自幼"荫补承务郎",承务郎为北宋后期文臣京朝官、寄禄官之第三十阶,可谓末阶文官。但它毕竟是京官,是迈向更高一级官职的基石。赵子渢获得的第二个官职是"少府监主簿"。少府监主簿其职分隶于文思院、后苑造作所。本监只掌造旌节、门戟、祭祀所用圭玉法物及铸造牌印等事务。元丰新官制,掌百工技巧,主要为皇宫、后宫服务。所属官司有五:文思院、绫锦院、染院、裁造院、文绣院,又有铸印司、南郊、太庙祭器法物库等。(马端临《文献通考》《职官考一》)据此,不难理解《东京梦华录》中为什么出现那么多各式各样皇家的尊称了:御马、御香、御裹、御前、御桃、御酒、御园、御路等等。

正像孟元老在自序中曾言:"瞻天表则元夕教池,拜郊孟享。频观公主下降,皇子纳妃。修造则创建明堂,冶铸则立成鼎鼐。观妓籍则府曹衙罢,内省宴回;看变化则举子唱名,武人换授。"由此来看,(宋时凡朝士宴聚,须假诸曹署行牒招妓,公私筵宴皆然,并非孔宪易《孟元老其人》"观妓籍则府曹衙罢"所释)能写下如此内容的非皇帝随从莫属,而且这类随从必须是"少府监主簿"式的官员。而赵子渢则正是这样的角色,所以他在《东京梦华录·序》开篇第一句话即恭谨地自称——"仆"。一篇短序,"仆"称就出现四次,可以说赵子渢即使在著书时也时刻不忘自己仆从于皇帝的身份,敬畏交织地展开了《东京梦华录》的叙述,从而使人们越来越清晰地窥见到他为皇帝服务的形象。

从《东京梦华录》第一卷所记内容来看,几乎全是"少府监"的范围,如京城所,如大内,如内诸司之学士院、皇城司、内藏库,外诸司之内酒坊、文思院、京城守具所等等。其中唯"河道"不在少府监管辖之内,但由于赵子渪在任公职期间曾担当过"蔡河拨发纲运官"一职,对东京的河道非常熟悉,故他在《东京梦华录》中独立《河道》一条,记载较其他内容详尽,显示其独到之处。

如果是另一位内廷官员,他也许也会作出类似的记录,但绝不会如此相同。如历经仁宗、英宗、神宗三朝的宋敏求,由于出任太常礼院、官告院、知制诰、右谏议大夫等职,故其著《春明退朝录》多记官诰礼仪、仕宦进拟、差院制度等稀见掌故。这是由于记录者的立场显示出来的独特。换言之,赵子渪的记录必然与这类官员的记录有所不同。试以《东京梦华录》卷一《大内》所述:

> 省门上有一人呼喝,谓之"拨食家"。次有紫衣、裹脚子向后曲折幞头者,谓之"院子家",托一合,用黄绣龙合衣笼罩,左手携一红罗绣手巾,进入于此,约十余合,继托金瓜合二十余面进入,非时取唤,谓之"泛索"。

从记述可见,孟元老非常熟悉御膳程序,而且也熟悉服饰,像食盒用何样绣物覆盖,"院子家"戴何样幞头,着何样颜色服饰,哪只手携何样手巾,这些细节不是近距离伺候的人很难记述。正如美国著名汉学家奚如谷(Stephen West)评论《东京梦华录》叙事手段所分析的那样:"叙述者越熟悉的一地方,叙述就越具体。"(奚如谷《皇后、葬礼、油饼与猪:〈东京梦华录〉和都市文学的兴起》,《文学、文化与世变》,台北:中央研究院中国文哲所,2002)

之所以熟悉和具体,这显然与赵子渪的官职身份有关。因为无随侍皇帝的官职身份,赵子渪不会看到当然更不可能记下这些非常具体的场面。比如，元旦大朝会上，大辽使节顶金冠，后檐尖长如大莲叶；大使拜则立左足，跪右足，以两手着右肩为一拜的礼节。元宵灯节之夜，亲从官、天武官、殿前班，戴何样帽子，穿何样袍衫，系何样腰带……均清清楚楚，一丝不苟。

特别是对青城祭祠的记录，文章从用何样钟计时到官员头冠、身着的方心曲领；从云彩山河旗扇到顶皆缕金大莲叶攒簇四柱栏槛的玉辂；从手执一紫囊内盛一笛管结带的文舞者到一手执短稍一手执小牌的武舞者。其他如：击柷，击敔；读册，喝探；立鸡竿，拽马队；金装笠子，紫绣战袍；诸军鼓吹，肃严仪卫等等，叙述者像一位丹青高手，用了整整一卷的篇幅生动描绘出了一幅正史所忽略的皇家南郊大礼长图。如此详尽逼真的记载显然是极近距离观察的皇帝侍从才能写出来的。

此外，我们还可从《东京梦华录》叙述视野窥测到作者独特的心态。《东京梦华录》之中，占篇幅最大的是卷九《宰执亲王宗室百官入内上寿》，"入内上寿"字数为2199字，对于一部仅有2万8777字数的《东京梦华录》来说，仅此一节就占全书的十分之一，可为重中之重。周详记录的文字反映出了"上寿"的全过程，从中写作者虔诚恭敬的宗室子弟的心境和目光一显无遗。

当然，《东京梦华录》绝不止描写了皇家风景，而是"时节相次，各有观赏"，有风流，有节物；有花衢，有市易……我们看到，较多的场面往往是：金铺银铺、漆器什物、时行纸画、百种丸药、早市吟叫、马行夜市、大小货行、任家产科、女道士观、般载大车、骡驴驮子、都市钱陌、雇觅人力、铺兵防火、木鱼报晓、相扑格斗、军营骁骑、假赁鞍马、砖瓦泥匠、山棚欢门、相亲铺房、育子试晬、歌叫关赌、元宵露台、上元预赏、出城探春、园圃花木、清明扫墓、浴佛斋会、端午艾叶、重阳赏菊、除夕驱祟……。

孟元老以"仆数十年烂赏叠游,莫知厌足"概括自己的东京生活,这话看去与为官的身份相矛盾。其实不然,赵子渹的确先后担任过除直秘阁、累进在图阁、秘阁修撰、除陕西转运副使、徽猷阁直学士、江西都转运使、金文阁直学士、京畿都转运使等职。但所担任并非要职,而是仅依官职领取俸禄的闲散官一类。虽然赵子渹干了一些实事,如改革币制、修疏水道,特别是在崇宁、大观间东京的大兴土木,赵子渹也身在其中"每董其役"。

但总起来看赵子渹从未非常负责地掌握过重大权力,为官不长且时断时续,这些情况他的复职报告可以佐证。(见《全宋文》卷三〇八五,许景衡《赵子渹复职制》)这种现象是与最高当权者对宗室子弟出任官职一向有严格的规定有关,皇帝不允许宗室子弟较长时间获得关键性的职务差遣。因而赵子渹用在"烂赏叠游"游荡的时光要比在宫廷服务上多得多。

总括起来,在《东京梦华录》着墨较多的主要是饮食、伎艺两大部分。诸如:肉店鱼行、花果铺席、蜜煎雕花、鹅鸭排蒸、烧肉干脯、绵枨金橘、罐子党梅、北食李四、金家南食、茶酒博士、卖菜小儿、六月冰雪、七夕花瓜、杂剧傀儡、影戏商谜、掉刀蛮牌、说话讲史、旋烧泥丸、上竿跳索、开池争标、宝津百戏、策骑打毬、箫笛互应、扑旗筋斗、使唤蜂蝶、小锣舞判、大礼驯象、装神弄鬼……

即以饮食而言,只要按照《东京梦华录》所记的饮食路线走去,便可品尝到各式美味佳肴,而且可感到一种别样尊贵的气息,那就是孟元老不无得意地用"吾辈"这一特指之词夸耀所受到的上乘款待:"吾辈入店,则用一等琉璃浅棱椀,谓之碧椀,亦谓之造羹，菜蔬精细。"(《东京梦华录》卷四《食店》)而这又符合赵子渢具有的宗室子弟的特殊身份，因这种身份，他较之任何一个阶层的人士都会赢得酒楼食店的崇敬和欢迎。

我们还可看到孟元老对饮食价位有特别兴趣，如他非常了解禁中市场的花果蔬菜的价格(《东京梦华录》卷一《大内》)，对一般市民的日常饮食的花费，赵子渢不仅熟知，如五更早市酒店的沽卖骨头、灌肺、炒肺等"每分不过二十文"(同上，卷三《天晓诸人入市》)，而且也熟知州桥夜市的包子鸡皮、腰肾鸡碎之类点心小菜"每个不过十五文"。(同上，卷二《州桥夜市》)特别是在高级酒店，赵子渢只要一看是"果菜楪各五片，水菜椀三五只"，就可作出"银近百两"的判断，这种看酒器估银两的眼光，颇为准确，甚至被后来的小说家借鉴写入话本中。(同上，卷四《会仙酒楼》，参见宋话本《俞仲举题诗遇上皇》)而这显然与《宋史》所记的赵子渢熟悉钱币经济的工作经历若合符契。

为何叫孟元老

"修造则创建明堂、冶铸则立成鼎鼐。"《东京梦华录·序》中这两句话，结合赵子渢在东京的为官经历是非常契合实际的，即《宋史·子渢传》所说："崇宁、大观间土木繁兴，子渢每董其役。"这就等于说自崇宁期间起始的土木建筑，赵子渢基本上都参加了，以上述两句话为例：

崇宁三年(1104)，徽宗采用方士魏汉津之说铸造九鼎，用铜二十二万斤。次年三月，九鼎造成，徽宗下诏在太一宫之南建造九座宫殿置放。政和五年，徽宗下建明堂诏书，并任命蔡京为"明堂使",开局兴工,建供祭祠用的"明堂",每天役使工匠多达万人。在徽宗从建中靖国元年(1101)到靖康二年(1127)执政的二十六年间,每一年都是如此,可以称为北宋建筑的最活跃时期。

仅宫殿建筑就有玉清和阳宫(政和三年,1113)、延福宫(政和四年,1114)、上清宝宫(政和六年,1116)、宝真宫(重和二年,1119),可谓雕梁画栋,不可胜计;苑囿则珍禽异卉,充满其间。其中尤以艮岳著称,政和七年(1117)始建到宣和四年(1122),曾筑岗阜水系,建造亭榭曲栏,费时五六年之久,建成后又不时收集天下怪石奇木,续建邃阁楼观,直到宣和末年(1125)才陆续建成。

一系列的大兴土木,劳民伤财,民怨沸腾,如太学生陈朝老追疏蔡京十四恶事中就有一桩为:"穷土木"(脱脱《宋史》列传第二三一《奸臣》二《蔡京》),史家亦将"铸九鼎,建明堂",当成蔡京为徽宗倡导丰、亨、豫、大的典范。故而在徽宗让位于钦宗之后,人们将矛头纷纷指向了蔡京,"时天下皆知蔡京等误国"(陈邦瞻《宋史纪事本末》卷五五《群奸之窜》),认为蔡京"卒致宗社之祸,虽遭死道路,天下犹以不正典刑为恨"。(脱脱《宋史》列传第二三一《奸臣》二《蔡京》)

而参加了崇宁、大观间各种土木建筑的赵子渢,正是在这一点上颇受时人诟病,《宋史》以"时人鄙之"予以概括,是很切合实际的。因为赵子渢在"治西内"时充分表现出了"干才",也就是说在建设位于东京西北方位的"大内"时,赵子渢是出了大力的。

结合当时历史氛围来看,赵子渢在《东京梦华录》中不提艮岳的做法,显然是怕惹来麻烦或招致激烈抨击。因为艮岳实在是倾一国之力而进行的、关系全局的特重大建筑:它周围十多里,峰峦起伏,山下开凿了许多池沼洲渚,山上修筑了数不清的殿亭台阁,到处都是千里外运来的奇花异石；天造地设，神谋鬼化，垒石为山，疏泉作湖，杂花异香，莫知其名，南北植物，尽在其中，珍禽奇兽，无不毕有……从政和七年（1117）开始一直到北宋灭亡，前后十年，一直修筑不停。一言以蔽之，艮岳耗透了民脂民膏，成为北宋社会末期衰亡的一个"导火索"。

对于艮岳之筑这样一个极其敏感的话题，赵子淔在《东京梦华录》中只字未提，有违常理，但是是可以理解的。这也是赵子淔化名孟元老的一个最重要的原因。在当时的临安，有相同原因而采用化名的著作是不在少数的，以《繁胜录》为例，此书不著名氏，只署西湖老人，《四库全书总目提要》这样分析道：

> 宋自和议既成后，不复留意于中原，士大夫但知流连歌舞，啸傲湖山。故是书所述，大抵嬉游之事，以繁华靡丽相夸，盖亦耐得翁《都城纪胜》之类。

以此评论推之同一时期的其他描述城市生活著作，如凡以奢华享乐记录为主的书籍，作者似乎达成了一种默契，均不署自己的真实姓名，以隐名埋姓为胜，如《繁胜录》《都城纪胜》《梦粱录》等，除《武林旧事》作者四水潜夫为周密别号外，其他作者均自匿其名。毫无疑问这是基于怕人们批评的考虑，赵子淔当然也不能免俗，他选择了以孟元老为其托名、笔名，是势所必然的了。

从语义上看，孟者，列前位也。兄弟姊妹排行居长的为孟。《诗·庸风·桑中》：云谁之恩？姜孟姜矣。郑玄笺：孟姜，列国之长女。高亨注：孟，长也。又班固《白虎通姓名》：適长称伯，伯禽是也；庶长称孟，鲁大夫孟氏是也。四季每季中第一个月亦称"孟享"。而赵子淔为太祖五世长孙，位居之长，以孟冠姓，恰如其分。

  元老则是对天子老臣的称呼。《诗经·小雅·采芑》：方叔元老，克壮其犹。毛传：元，大也。五官之长，出于诸侯，曰天子元老。汉唐以来，年辈、资望皆高的大臣或政界人物，亦称元老。《后汉书·章帝纪》：行太尉事节乡侯熹，三世在位，为国元老。李肇《唐国史补》卷下：宰相相呼为元老，或曰堂老。自宋以来，以元老自居则多为朝廷忠干之臣。如曾巩《与杜相公书》："阁下以旧相之重，元老之尊，而猥自抑损，加礼于草茆之中，孤茕之际"。范祖禹于元祐七年四月作《太师堂记》，称赞潞国文公，"元老在朝，海内晏宁"。(《全宋文》卷二一四七，2006 年版）据此，赵子渔以元老自居，以元老为名，也是再合适不过的了。况且宋代人多以"老"为名者颇多。(参见钱大昕《十驾斋养新录》卷十九《老》)

"谈论"与"工诗"

  上述赵子渔的情况是为"外证"，若想获得赵子渔是孟元老的直接证据还须"内证"，具体而言就是要以《东京梦华录》表述的文字为线索以探求其内容，这是观察和判定赵子渔为孟元老的最根本的立脚点和出发点。

  首先是《东京梦华录》的语言结构，这不仅因为它是构成《东京梦华录》的最基础部分，亦因这也是中外学者议论较多的一个问题。如自明代就有学者认为《东京梦华录》"芜秽猥琐"（李濂《汴京遗志·序》），近代学者则认为它"叙述毫无章法"（邓之诚《东京梦华录注·自序》），西方学者对它的评价是"不成熟""充满前后矛盾""第二流文学作品的语言"。(奚如谷《释"梦"：〈东京梦华录〉的来源、评价与影响》,《北美中国古典文学研究名家十年文选》) 其实之所以出现这种现象,是与赵子浤采取了一种"谈论"体叙述手法有关。这就是《宋史》所说赵子浤的"善谈论"。这方面最典型的即是在十卷本的《东京梦华录》中采用"谓之"这一独特的"谈论"表述风格。

尤其在重点篇章,"谓之"的手法简直俯拾即是,如《驾登宝津楼诸军呈百戏》可按序排出:一、谓之扑旗子;二、谓之爆仗;三、谓之抱锣;四、谓之硬鬼;五、谓之舞判;六、谓之哑杂剧;七、谓之七圣刀;八、谓之歇帐;九、谓之抹跄;十、谓之扳落;十一、谓之引马;十二、谓之开道旗;十三、谓之拖绣球;十四、谓之褙柳枝;十五、谓之旋风旗;十六、谓之立马;十七、谓之骟马;十八、谓之跳马;十九、谓之献鞍;二十、谓之倒立;二十一、谓之拖马;二十二、谓之飞仙膊马;二十三、谓之镫里藏身;二十四、谓之赶马;二十五、谓之绰尘;二十六、谓之豹子马;二十七、谓之黄院子;二十八、谓之妙法院女童;二十九、谓之小打;三十、谓之大打。

而且,为了加重"谈论"的风格,赵子浤常常在一篇文字之中,对"谓之"叙述手法略加变化,反复运用,如《潘楼东街巷》中使用"谓之""又谓之",《饮食果子》中使用"谓之""亦谓之"等。《东京梦华录》之所以出现如此多的"谓之",是历史"谈论"发展的一个结果,在宋之前,尤为汉魏,"谈论"盛行,以至"谈士"即为"名士"之别名。刘季高曾十分精辟地对此现象析评道:"早在东汉中期迄魏末一百五六十年的长时间内,名士的口头'谈论',经过加工或不加工,写在书面上,就是文论,就是尺牍,就是奏章。"(刘季高《东汉三国时期的谈论》,上海古籍出版社)

宋代"善谈论"的情况和汉魏"善谈论"十分相像,已是文士的一种必要修养。所不同之处是宋代的"善谈论"已与"说话"伎艺融为一体。在赵子渲生活的时期,"讲史"盛行,作为"说话"中一个独立的分支已在社会上占有不可忽视的重要地位。据周密《武林旧事》所载统计,在诸色伎艺人中,"讲史"人数最多,达二十三名,足见人们对"讲史"的欢迎程度。

尤其是南渡以来的临安,人们以喜听东京旧闻的"谈论"为乐事,周密曾记录幼年的自己:"予曩于故家遗老得其梗槩,及客修门闲,闻退珰老监谈先朝旧事,辄耳谛听,如小儿观优,终日夕不少倦。"听"谈论"到了不知疲倦的地步,可知这种"谈论"具有相当大的魅力。

赵子渲的"善谈论",正是在这种普遍热衷于"谈论"的氛围中派上了用场。赵师侠为《东京梦华录》所作《跋》这样说道:"余顷侍先大父与诸耆旧,亲承謦欬"。据此可知,少年时代的赵师侠,和其父及多位汴京遗旧,在像周密所描述的那种情境里,聆听过赵子渲对东京往事的"谈论"。《东京梦华录》就是在赵子渲的"谈论"基础上整理出来的本子。类似在"谈论"基础上整理出的本子,不止《东京梦华录》。如《四库全书总目提要》评价陈鹄的《西塘集耆旧续闻》,就用了"盖亦杂采诸家说部及各流谈论而成"这样的话。这表明"谈论"体裁的著作在南宋特别时兴。

在以"谈论"为主体的《东京梦华录》中,我们还看到另一种文字风格,那就是不时出现的典雅的诗词歌赋之风。如大家所熟悉的卷六《收灯都人出城探春》一段春景的描述:

次第春容满野,暖律暄晴。万花争出粉墙,细柳斜笼绮陌。香轮缓辗,芳草如茵,骏骑骄嘶,杏花如绣,莺啼芳树,燕舞晴空。红妆按乐于宝榭层楼，白面行歌近画桥流水，举目则秋千巧笑，触处则蹴鞠疏狂。寻芳选胜，花絮时坠金樽；折翠簪红，蜂蝶暗随归骑。

将此描写与北宋文坛任何一位高手所作春景描写相较，如脍炙人口的柳永的《抛球乐》，也丝毫不弱。如果将此作置入北宋宗室子弟氛围中加以比较观察，更会发现，这种文学才能并非特例。因为宋王朝虽不放心宗室子弟于政治，但在文学伎艺方面却鼓励有加，寄希望他们有大成就者。如真宗就曾与宰相言："朕每戒宗子作诗习射，如闻颇精习，将临观焉。"（脱脱《宋史》卷二四五，列传第四《宗室》二）李纲就曾目睹徽宗以《御书草圣千文赞》宠赐给赵子淔。（李纲《进御书草圣千文赞劄子》，《全宋文》卷三七二一）

在皇帝格外的激励下，用功嗜学，好图书，工书法，几乎成了宗室子弟共同的追求，且成绩斐然。如从《东京梦华录》开篇宗室子弟赵子淔所具深厚文学修养可见一斑："灯宵月夕，雪际花时，乞巧登高，教池游苑。举目则青楼画阁，绣户珠帘，雕车竞驻于天街，宝马争驰于御路。"读来不亚于优美诗句的享受。这也表明赵子淔对诗歌是有研究的，印证了《宋史》说他"工诗"。

从陈元靓《岁时广记》可知，最初的《东京梦华录》祖本引用了相当数量的诗词，如卷六《元宵》"万姓山呼"之后，引用梅圣俞、彭器资的诗。卷八《七夕》"争以侈靡相尚"之后，引用杨朴《七夕诗》、罗隐《七夕诗》。卷七《清明节》"坊市卖稠饧"之后，引用苏轼、宋子京、梅圣俞、藜藿野人的诗，等等。

对《东京梦华录》文字风格的分析，给我们留下了一个观察《东京梦华录》真实面貌的窗口。

《枫窗小牍》与《东京梦华录》的比较

在《东京梦华录·序》之末,作者以"幽兰居士"之名题于孟元老之前。以幽兰自喻,这是因宋代文人喜欢兰花使然,早在宋初,陶谷就考证过:"兰虽吐一花室中,亦馥郁袭人,弥旬不歇,故江南人以兰为香祖。""兰无偶,称为第一。"(陶谷《清异录》卷上《草木门·香祖》)兰花排在了百花之首。北宋士大夫据兰花而命其居室已成风气。

如晁说之《兰室记》说:"我京师有所居之室名曰兰室,非特仰乔木修竹而俯幽花怪石,中有经史百氏之书而缃帙牙籖也。我之所以乐此者,朝夕起居萧然,玩古自得,视此数物,犹善人君子,而吾室乃芝兰之室也。子其为我记之。"(晁说之《兰室记》,《全宋文》卷二八一五)

尤为李纲,作《幽兰赋》,细说春、秋"二兰皆喜生于高山深林、阒寂无人之境,则芬芳郁烈,茂盛而远闻。移而置于轩庭房室之间,不过一再岁,华益鲜而香益微。盖其天性如此,故古人不以幽兰目之。与夫山林隐遁之士,耿介高洁,不求闻达于人,而风流自著者,亦何以异?"(李纲《幽兰赋并序》,《全宋文》卷三六八一)这段议论道出了人们特别是雅士文人喜欢幽兰的原因。

渡江南来的赵子湜自然也承袭了这种推崇兰花的人文趣味,以幽兰居士自誉,并在《东京梦华录·序》尽情地表露了这种纯文人特有的优雅风格,但由于创作《东京梦华录》是采取了"谈论"体,遵循了一种"欲上下通晓"的原则,这就使赵子湜在《东京梦华录》行文风格方面运用了大量的俗言俚语,而未能始终保持像序言那样华丽的词藻,可谓刚开了头便煞尾。为了弥补这一缺欠,赵子渑似又创作了一部用士大夫所喜好的文学语言写就的笔记《枫窗小牍》。因为《枫窗小牍》的叙述者,在此书之首就表示出"省念旧闻""录之以备遗忘"的创作理念,与《东京梦华录·序》所述相同,细析之,当为出于一人之手。

《东京梦华录》为赵子渑的亲朋后人如赵师侠者,在淳熙丁未(1187)年整理,按赵子渑六十七岁逝世计,此时赵子渑岁数合计有一百四岁之多,故冠之"百岁寓翁"之称不虚。但是《枫窗小牍》有嘉泰二年日食的记载,由此可见《枫窗小牍》经赵子渑后人或亲朋整理时间较长,才有这样的"笔录",然而不会不是赵子渑所作,因为《枫窗小牍》的整个倾向,在此书之首就表示出与《东京梦华录·序》所述相同的理念:

《枫窗小牍》卷首语	《东京梦华录·序》
余迫猝渡江,侨寓临安山中。父书手定,都为乌有,第日对窗西鸟,相省念旧闻,得数十事,录之以备遗忘。时晚秋萧瑟,喜有丹叶残霞来射几案。会录成,辄呼酒,落之名曰《枫窗小牍》。	出京南来,避地江左,情绪牢落,渐入桑榆。暗想当年,节物风流,人情和美,但成怅恨。近与亲戚会面,谈及曩昔,后生往往妄生不然。仆恐浸久,论其风俗者,失于事实,诚为可惜,谨省记编次成集。

当然,自靖康事变,朝廷南迁,士人蜂拥,由北宋而南宋,由东京而临安,由和美而失落,由繁华而追昔……普遍产生着一种怀念汴京的情绪,诚为情理之中,并非某一二个人所特有。然而两书作者由想法而至经历却几同一辙,这就极为罕见了。如孟元老与百岁寓翁的叙事起点均是崇宁年间,孟元老谓:"崇宁癸未到京师""渐次长立";百岁寓翁则是"崇宁间少尝记忆""余少长大梁",这难道是偶然巧合?

具体在文本内容上《东京梦华录》与《枫窗小牍》记忆内容也多为一致，随意漫索就有《枫窗小牍》卷下"宣和三年二月，新郑门官夫淘沟"，这与《东京梦华录》卷三《诸色杂卖》"官中差人夫监淘在城渠"相同。

《枫窗小牍》卷下"靖康已前汴中家户门神多番样"，此与《东京梦华录》卷十《十二月》"门神"记载相近。《枫窗小牍》卷下"鸡冠花，汴中谓之'洗手花'"，与《东京梦华录》卷八《中元节》"鸡冠花，谓之洗手花"同。《枫窗小牍》卷下"花石纲百卉臻集"，与《东京梦华录》卷七《驾幸临水殿观争标锡宴》"花石朱勔"同。《枫窗小牍》卷下"熙宁元年十月诏颁河北诸军教阅法"，与《东京梦华录》卷四《军头司》有关等等，不一而足。

假如这些细事记载可能是因为针对的事情或节庆相同或相近，故有视角相同之处，那么大的相同部分则亦不在少数，如"大内""河道""饮食""金明池""园林""防火""小鸟""习俗""大相国寺书籍""祭祠""器皿"等等，这些相同或相似的部分构成了《东京梦华录》与《枫窗小牍》的主要内容，也是两书较为生动的部分。

这些部分，多是内容相同，但记述文字稍有不同，如《枫窗小牍》卷上徽宗骑马与《东京梦华录》卷七《驾回仪卫》骑马，《枫窗小牍》卷下对园林的记述与《东京梦华录》卷六《收灯都人出城探春》对园林的记述，《枫窗小牍》卷下对军巡铺消防火与《东京梦华录》卷三《防火》的记述等。

续表

《枫窗小牍》卷上	《东京梦华录》卷七《驾回仪卫》
徽庙尝乘骢马至太和宫前,忽宣平日所爱小乌,其马至御前,马足不肯进,左右鞭之,益鸣跳,不如调训时,圉人进曰:"此愿封官耳。"上曰:"猴子且官供奉,况使小乌白身邪。"敕赐"龙骧将军",然后帖然就辔。	大观初,乘骢马至太和宫前,忽宣小乌,其马至御前,拒而不进,左右曰:"此愿封官"。敕赐"龙骧将军",然后就辔。盖小乌平日御爱之马也。

《枫窗小牍》卷下	《东京梦华录》卷六《收灯都人出城探春》
州南则玉津园,西去一丈佛园子,王太尉园,景初园。陈州门外园馆最多,著称者:奉灵园、灵嬉园。州东宋门外、麦家园、虹桥、王家园,州北李驸马园,西郑门外,下松园,王大宰园,蔡太师园,西水门外养种园、州西北有庶人园,城内有芳林园、同乐园、马季良园,其他不以名著,约百十,不能悉记也。	过板桥有下松园、王太宰园、杏花冈。金明池角,南去水虎翼巷,水磨下蔡太师园……养种园,四时花木,繁盛可观。南去药梁园、童太师园……州西北元有庶人园,有创台、流杯亭榭数处,放人春赏。大抵都城左近,皆是园圃,百里之内,并无闲地。

《枫窗小牍》卷下	《东京梦华录》卷三《防火》
东京每坊三百步有军巡铺,又于高处有望火楼,上有人探望,下屯军百人,及水桶、洒箒、钩锯、斧杈、梯索之类,每遇生发扑救,须臾便灭。	每坊巷三百步许,有军巡铺屋一所,铺兵五人,夜间巡警,收领公事。又于高处砖砌望火楼,楼上有人卓望。下有官屋数间,屯驻军兵百余人,及有救火家事,谓如大小桶、洒子、麻搭、斧锯、梯子、火叉、大索、铁猫儿之类。每遇有遗火去处,则有马军奔报军厢主,马步军、殿前三卫、开封府,各领军级扑灭,不劳百姓。

以《枫窗小牍》与《东京梦华录》所记"河道"为例：

《枫窗小牍》卷上	《东京梦华录》卷一《河道》
汴京河渠凡四，曰蔡河，自陈蔡由西南戴楼门入京城，辽绕向东南陈州门出，曰汴河。自西京洛口分水，从东水门入京城，绕州桥、御路，水西门出，曰：五丈河。表自济、郓，自新曹门入通汴河，曰金水河。自京城西南，分京索河，筑堤。从汴河上用水槽架过，从西北水门入京城，夹墙遮拥，入大内，灌后苑池浦。先是诏析金水河，透槽回水入汴，北引洛水入禁中，赐名天源河，然舟至即启槽，频妨行舟，乃自城西超宇坊，引洛由咸丰门，立堤凡三千三十步，水遂入禁而槽废。	穿城河道有四。南壁曰蔡河，自陈、蔡由西南戴楼门入京城，辽绕自东南陈州门出，河上有桥十一，自陈州门里曰观桥，在五岳观后门。从北次曰宣泰桥，次曰云骑桥，次曰横桥子，在彭婆婆宅前。次曰高桥，次曰西保康门桥，次曰龙津桥，正对内前。次曰新桥，次曰太平桥，高殿前宅前。次曰粜麦桥，次曰第一座桥，次曰宜男桥，出戴楼门外曰四里桥。中曰汴河，自西京洛口分水入京城，东去至泗州入淮，运东南之粮，凡东南方物，自此入京城，公私仰给焉。自东水门外七里，至西水门外，河上有桥十三。从东水门外七里，曰虹桥，其桥无柱，皆以巨木虚架，饰以丹雘，宛如飞虹，其上、下土桥亦如之；次曰顺成仓桥，入水门里曰便桥，次曰下土桥，次曰上土桥，投西角子门曰相国寺桥。次曰州桥，正名天汉桥。正对于大内御街，其桥与相国寺桥，皆低平不通舟船，唯西河平船可过，其柱皆青石为之，石梁石笋楯栏，近桥两岸，皆石壁，雕镂海马水兽飞云之状，桥下密排石柱，盖车驾御路也。州桥之北岸御路，东西两阙，楼观对耸；桥之西有方浅船二只，头置巨干铁枪数条，岸上有铁索三条，遇夜绞上水面，盖防遗火舟船矣。西去曰浚仪桥，次曰兴国寺桥，亦名马军衙桥。次曰太师府桥，

续 表

《枫窗小牍》卷上	《东京梦华录》卷一《河道》
	蔡相宅前。次曰金梁桥,次曰西浮桥,旧以船为之桥,今皆用木石造矣。次曰西水门便桥,门外曰横桥。东北曰五丈河,来自济、郓,般挽京东路粮斛入京城,自新曹门北入京,河上有桥五:东去曰小横桥,次曰广备桥,次曰蔡市桥,次曰青晖桥、染院桥。西北曰金水河,自京城西南分京索河水筑堤,从汴河上用木槽架过,从西北水门入京城,夹墙遮拥,入大内灌后苑池浦矣。河上有桥三:曰白虎桥、横桥、五王宫桥之类。又曹门小河子桥曰念佛桥,盖内诸司辇官、亲事官之类,军营皆在曹门,侵晨上直,有瞽者在桥上念经求化,得其名矣。

内容不同却可互补,如《枫窗小牍》与《东京梦华录》所记河道,开始文字几乎一字不差,不同的是,《东京梦华录》记"河道"要较《枫窗小牍》更加详尽,字数为 625 字,《枫窗小牍》仅 179 字,但《枫窗小牍》所述则又不同于《东京梦华录》,故两者可互相弥补,也就是说只有将两记载结合起来读才会获得一个东京"河道"完整的印象。

不独如此,这样的文风还浸漫于其他篇章,如《东京梦华录》卷一的《大内》与《枫窗小牍》对"大内"的记述,《枫窗小牍》的丰富完整远胜于《东京梦华录》,《东京梦华录》对"大内"的记录则好像是对《枫窗小牍》"大内"部分的一个简略的介绍或可称之为初步的铺垫。

《枫窗小牍》卷上

宫城本五代周旧都，宋因之。建隆三年广皇城东北隅，命有司画洛阳宫殿，按图修之。周围五里，南三门中曰乾元，东曰左掖，西曰右掖，东西面门，曰东华、西华，北一门曰拱宸，乾元门内正南门曰大庆，东西横门曰左右升龙，左右北门内各一门曰左右银台，东华门内一门曰左承天祥符，西华门内一门曰右承天，左承天门内道北门曰宣祐，正南门内正殿曰大庆，东西门曰左右太和，正衙殿曰：文德，两掖门曰东西上阁，东西门曰左右嘉福，大庆殿北有紫宸殿，视朝之前殿也。西有垂拱殿，常日视朝之所也。次西有皇仪殿，又次西有集英殿，宴殿也。殿后有需云殿，东有升平楼，宫中观宴之所也。宫后有崇政殿，阅事之所也。殿后有景福殿，殿西有殿，北向曰延和，便坐殿。凡殿有门者皆随殿名，宫中有延庆安福观，文清、景庆、云玉京等殿，寿宁堂、延春阁、福宁殿，东西有门曰左右昭庆观，文殿西门曰延真，其东真君殿曰积庆，前建感真阁，又有龙图阁，下有资政、崇和、宣德、述古四殿，天章阁下有群玉、蕊珠二殿，有宝文阁，阁东西有嘉德、延康二殿，前有景辉门，后苑东门曰宁阳苑，内有崇圣殿、太清楼，其西又有宜圣、化成、金华、西凉、清心等殿，翔鸾、仪凤二阁，华景、翠芳、瑶津三亭，延福宫有穆清殿、延庆殿，北有柔

《东京梦华录》卷一《大内》

大内正门宣德楼列五门，门皆金钉朱漆，壁皆砖石间甃，镌镂龙凤飞云之状，莫非雕甍画栋，峻桷层榱，覆以琉璃瓦，曲尺朵楼，朱栏彩槛，下列两阙亭相对，悉用朱红杈子。入宣德楼正门，乃大庆殿，庭设两楼，如寺院钟楼，上有太史局保章正，测验刻漏，逐时刻执牙牌奏。每遇大礼，车驾斋宿，及正朔朝会于此殿。殿外左右横门曰左右长庆门。内城南壁有门三座，系大朝会趋朝路，宣德楼左曰左掖门，右曰右掖门。左掖门里乃明堂，右掖门里西去乃天章、宝文等阁。宫城至北廊约百余丈。入门东去街北廊乃枢密院，次中书省，次都堂，宰相朝退治事于此。次门下省，次大庆殿外廊横门，北去百余步。又一横门，每日宰执趋朝，此处下马；余侍从台谏于第一横门下马，行至文德殿，入第二横门。东廊大庆殿东偏门，西廊中书、门下后省；次修国史院，次南向小角门，正对文德殿。常朝殿也。殿前东西大街，东出东华门，西出西华门。近里又两门相对，左右嘉肃门也。南去左右银台门。自东华门里皇太子宫入嘉肃门，街南大庆殿后门，东西上阁门；街北宣祐门。南北大街西廊面东曰凝晖殿，乃通会通门入禁中矣。殿相对东廊门楼，乃殿中省、六尚局、御厨。殿上常列禁卫两重，时刻提警，出入甚严。近里皆近侍中贵，殿之外皆知省、御药幕次，快

续表

《枫窗小牍》卷上	《东京梦华录》卷一《大内》
仪殿、崇徽殿，北有钦明殿，延福宫北有广圣宫，内有太清、玉清、冲和、集福、会祥五殿，建流盃殿于后苑。又有慈德殿、观稼殿、延曦阁、迩英殿、隆儒阁、慈寿殿、庆寿宫、保慈宫、玉华殿、基春殿、睿思殿、承极殿、崇庆、隆祐二宫、睿成宫、宣和殿、圣瑞宫、显谟阁、玉虚殿、玉华阁、亲蚕宫、燕宁殿、延福宫，政和三年春，作新宫，始南向，殿因宫名，曰延福，次曰蕊珠，有亭曰碧琅玕，其东门曰晨晖，其西门曰丽泽宫，左复列二位，其殿有穆清、成平、会宁、睿谟、凝和、昆玉、群玉，其东阁则有蕙馥、报琼、蟠桃、春锦、叠琼、芬芳、丽玉、寒香、拂云、偃盖、翠葆、铅英、云锦、兰薰、摘金，其西阁有繁英、雪香、披芳、铅华、琼华、文绮、绛萼、秾华、绿绮、瑶碧、清阴、秋香、丛玉、扶玉、绛云、会宁，之北，叠石为山，山上有殿曰翠微，旁为二亭，曰云归，曰层山巘凝和，之次，阁曰明春，其高踰一百十一尺，阁之侧为殿二，曰玉英、曰玉润，其背附城，筑土植杏，名杏冈，覆茅为亭，修竹万竿，引流其下。宫之右为佐二阁，曰晏春、广十，有二丈舞台，四列山亭，三峙凿圆池为海，跨海为亭，架石梁以升山，亭曰飞华，横度之四百尺有畸，纵数之二百六十有七尺。又流泉为湖，湖中作隄以接亭，隄	行、亲从官、辇官、车子院、黄院子、内诸司兵士、祗侯宣唤；及宫禁买卖进贡，皆由此入。唯此浩穰，诸司人自卖饮食珍奇之物，市井之间未有也。每遇早晚进膳，自殿中省对凝晖殿，禁卫成列，约拦不得过往。省门上有一人呼喝，谓之"拨食家"。次有紫衣、裹脚子向后曲折幞头者，谓之"院子家"，托一合，用黄绣龙合衣笼罩，左手携一红罗绣手巾，进入于此，约十余合，继托金瓜合二十余面进入，非时取唤，谓之"泛索"。宣祐门外，西去紫宸殿。正朔受朝于此。次曰文德殿，常朝所御。次曰垂拱殿，次曰皇仪殿，次曰集英殿。御宴及试举人于此。后殿曰崇政殿、保和殿。内书阁曰睿思殿。后门曰拱辰门。东华门外，市井最盛，盖禁中买卖在此，凡饮食、时新花果、鱼虾鳖蟹、鹑兔脯腊、金玉珍玩、衣着，无非天下之奇。其品味若数十分，客要一二十味下酒，随索，目下便有之。其岁时果瓜蔬茹新上市，并茄瓠之类新出，每件可直三五十千，诸阁分争以贵价取之。

续表

《枫窗小牍》卷上	《东京梦华录》卷一《大内》
中作梁以通湖，梁之上又为茅亭、鹤庄、鹿寨、孔翠诸栅，蹄尾动数千，嘉花名木，类聚区别，幽胜宛若生成。西抵丽泽，不类尘境，其东直景龙门，西抵天波门，宫东西二横门，皆视禁门，法所谓晨晖、丽泽者也。而晨晖门出入最多，其后又跨旧城修筑，号延福，第六位跨城之外，浚豪深者水三尺。东景龙门桥，西天波门桥，二桥之下叠石为固，引舟相通，而桥上人物外自通行不觉也，名曰景龙江，其后又关之，东过景龙门至封丘门，此特大概耳，其雄胜不能尽也。	

倘若作者不熟悉或未身临其境，是不可能将宫城记述如此翔实的，甚至亭精确到多少尺。这样的记述不仅仅填补了正史对宫城记载的欠缺，也反映了记述者精湛的专业功力，这一点不由人不联系到赵子淔正是在修筑大内而获得了极大的名声，确实是有来由的。

将《东京梦华录》与《枫窗小牍》比较，还可看出它们之间的传承痕迹。如《东京梦华录》卷三叙述"名画李成"时，仅提一句"山水李家口齿咽喉药"，至多才介绍"巷口宋家生药铺，铺中两壁皆李成所画山水"。《枫窗小牍》则详细道来："名画李成，以山水供奉禁中。然以子姓饶赀为宫市珠玉大商，不易为人落笔，惟性嗜香药名酒，人亦不知，独相国寺东宋药家最与相善，每往醉必累日不特楮素挥洒盈满箱箧，即铺门两壁亦为淋漓泼染。识者谓壁画家，入神妙，惜在白垩上耳。"

对李成的记叙，显然不是简单地抄袭《东京梦华录》，而是对

《东京梦华录》"山水李家"的深化,由此可见两部著作出自一人之手的痕迹是显而易见的。又如孟元老在《驾诣郊坛行礼》所记"玉册",仅只二字,一带而过。可是在《枫窗小牍》中对"太子玉册"的记录却娓娓道来,如现眼前:"用珉玉简六十枚,前后四枚刻龙填金,贯以金丝,籍以锦褥,盛以漆匣,装以金华,饰以螭首。"

这种记录只有自己亲历亲见,其他人很难代替的。再如《东京梦华录》记述相国寺资圣门售"书籍",也只二字,可是《枫窗小牍》的百岁寓翁却就此结合自家体会叙述更详:"余家藏《春秋繁露》,中缺两纸,此从藏书家借对缺纸皆然,即馆阁订本亦复尔尔,不知当时校勘受赏银绢者,得无愧乎?后从相国寺资圣门买得抄本两纸俱全,此时欢喜如得重宝架橐,似为生气及离乱南来,缺本且不可得矣。"这样的叙述语言,在《东京梦华录》中简直是见不到的。因为从整体风格上看,《东京梦华录》尚局限在一个记录者的层面上,客观叙述成分较多,《枫窗小牍》则多结合经历作述,因而显得生动、细腻。如《东京梦华录》所述的"郑皇后宅",《枫窗小牍》则掺入典故情况使其有声有色起来:

> 花石纲百卉臻集,广中美人蕉,大都不能过霜节。惟郑皇后宅中鲜茂倍常,盆盎溢坐,不独过冬,更能作花。此亦后随北驾,美人憔悴之应也。

通过对比可见,孟元老与百岁寓翁所记尽管为同一内容,但侧重点却有所不同。《东京梦华录》简略处,《枫窗小牍》弥补之,或使其重点更加突出。如《东京梦华录》卷二诸条随记各种著名食品:王楼山洞梅花包子、曹婆婆肉饼、薛家分茶、羊饭、燠肉、梅家、鹿家鹅鸭鸡兔、曹家从食、徐家瓠羹、得胜桥郑家油饼店、乳酪张家、脆筋巴子,卷四:南食店,等等。《枫窗小牍》则加以归纳总结,形成这样的文字:"旧京工伎固多奇妙,即烹煮槃案,亦复擅名,如王楼梅花包子、曹婆肉饼、薛家羊饭、梅家鹅鸭、曹家从食、徐家瓠羹、郑家油饼、王家乳酪、段家爊物、石逢巴子、南食之类,皆声称于时。"从《东京梦华录》与《枫窗小牍》饮食记述对比可见其同宗同脉。

但由于已经有了《东京梦华录》,《枫窗小牍》的叙述手段和路线就要与之不同,略有差异。比如对金明池游乐进行记述时,《东京梦华录》是从皇家与民众同观"争标"这一视角出发的,《枫窗小牍》纯粹是出自贵胄子弟的个人目光:"余少从家大夫观金明池水战,见船舫回旋,戈甲照耀,为之目动心骇,比见钱塘水军,戈船飞虎,迎弄江涛,出没聚散,欻忽如神,令人汗下。"作者的这一视角,凸现了百岁寓翁的朝廷扈随、皇室亲眷的尊贵身份。

这一点在《枫窗小牍》还有多处可以证实:百岁寓翁的父亲曾奉御命做过奉和艮岳的文字,百岁寓翁自述在东京曾见过"钱武肃王铁券",百岁寓翁对宗室卷宗记述非常详细、尽心,如此等等……这都显示了百岁寓翁的身份非同一般,所以《枫窗小牍·原序》认为他"定亦禁近班列""亦是汴中衣簪",认为他"其记载有大关系",这与《东京梦华录》所显示出来的天子仆从、贵族派头是息息相通的。

余 论

综合以上考证,我们可以理出一条大致明确的孟元老的线索。

但这离解决孟元老的问题还不够，我们还须注意从其他方面反馈的赵子湢的资讯去寻脉络，比如，无论是《枫窗小牍》还是《东京梦华录》，都对东京的饭食菜肴如数家珍，以此推知赵子湢必好美食，《枫窗小牍》还记载过以做鱼羹名驰临安的宋五嫂是百岁寓翁家的"苍头嫂"（宋五嫂在周密《武林旧事》卷三、卷七有记：曾在西湖卖鱼羹，对御自称："东京人氏，随驾到此。"赵构念其年老，赐金钱十文，银钱一百文，绢七匹，并令后苑经常以宋五嫂鱼羹供应。以此而连赵子湢可知，其家饮食颇负盛名）。再联系赵子湢曾担任过右光禄大夫的经历（《宋会要辑稿》《帝系》三之三九），足可印证了赵子湢对坊间饮食有颇浓的兴味，也对宫廷饮食有独到的鉴赏，其渊源有自，来自于拥有浓厚的喜好饮食的家庭传统。（《宋会要辑稿》《职官》二一之五：可知赵子湢父赵令铄曾任光禄卿，研究饮食久矣）此为以直接材料对间接材料，不失为一考证途径。

又《枫窗小牍》记百岁寓翁"汴城故居，近陈州门内蔡河东畔，居后有圃，乔林深竹，映带城隅"，与其他东京园林记载合而观之，即知百岁寓翁其家亦在东京园林之胜，可想其社会地位非同寻常。还有《东京梦华录》涉及的各类层次人物的宅居，如郑太宰宅（孟元老《东京梦华录》卷二《宣德楼前省府宫宇》），刘廉访宅（孟元老《东京梦华录》卷二《朱雀门外街巷》），曲子张宅（孟元老《东京梦华录》卷二《朱雀门外街巷》），赵十万宅（孟元老《东京梦华录》卷二《潘楼东街巷》），郑皇后宅（孟元老《东京梦华录》卷二《潘楼东街巷》），蔡太师宅（孟元老《东京梦华录》卷三《大内西右掖门外街巷》），张驸马宅（孟元老《东京梦华录》卷三《大内前州桥东街巷》）等等，卷七《驾登宝津楼诸军呈百戏》中的"中贵人"许畋，卷二《酒楼》条的"迎接中贵饮食"的"第一白厨"……将这些琐细之处与宋代社会史、制度史紧密相连，就会看出孟元老即赵子渢的社会身份与趣味所在。

在《宋史·赵子渢》传中，有一段描写苏轼与赵子渢关系的文字给人以印象深刻："子渢幼警悟，苏轼过其家，抱置膝上，谓其父曰：'此公家千里驹也。'"而《枫窗小牍》的作者显然也与苏轼的关系不一般，这表现在其对苏轼的追忆方面。例如，《枫窗小牍》卷上记作者在汴城故居的园林深处，有"来鹤亭"，其家人"每诵"苏轼为此亭景所作的诗，"未尝不泪满青衫"。苏轼"又有与王大父手墨一纸"，上记"牛膝药方"，也被珍藏着。《枫窗小牍》卷下记欧阳修的一手稿存其家，但佚失，作者就感叹："不得与苏公手书并存，惜哉。"两相印证，也强化了赵子渢为《枫窗小牍》作者的可靠性。由此一本事而旁涉可得出人意料之结果，如苏轼"食河鲀值得一死"的典故就是由《枫窗小牍》披露的，同时《枫窗小牍》亦记："汴中食店以假河鲀饷人。"不经意间这与《东京梦华录》卷二《饮食果子》中的"假河鲀"记录互相印证，更加证明了赵子渢为这两书同一作者的可靠性。虽然与苏轼相善者不止赵家、赵子渢其家其人，但如此崇拜者熟悉者，如赵子渢的父亲赵令铄就有与苏轼唱和的《子瞻辞免起居之命令铄复用前韵一首以勉之》诗可以佐证。（见《全宋诗》卷一○四三，北京大学出版社，1991年）特别是从年代、年龄推断，只有赵子渢更为合适。

又如，孟元老《东京梦华录》仅提"花石朱勔"一句而未着"艮岳"一字，可百岁寓翁《枫窗小牍》却描绘出了"艮岳"的概貌，其详尽程度可与同时期的"艮岳"的文字媲美，如徽宗《御制艮岳记》、祖秀《华阳宫记》、张淏《艮岳记》等。《枫窗小牍》"艮岳"的文字是有自己面目的，最为重要的是它弥补了《东京梦华录》"艮岳"的缺失，由此显现出了赵子渢熟悉"艮岳"的本色，也就使人不难理解"艮岳"何以在《东京梦华录》点滴踪迹皆无而在《枫窗小牍》中却极尽构思地加以追述的原因了。

我们还可从与赵子湮同时期的各类文字记载里去寻找有关赵子湮的有益线索,如王洋的《赵子湮复徽猷阁待制制》[王洋(1087—1153),字元渤,楚州山阴(今江苏淮安)人,宣和六年进士及第。绍兴初以修职郎召试馆职。除校书郎,拜吏部员外郎,守起居舍人。坐草张纲改官制词溢美。有《东牟集》三十卷,绍兴二十三年卒,年六十七。为赵子湮同时代人]就可以为我们提供另一个视角,文中说,赵子湮"诗传古锦,学富巾箱"等,与《宋史》所载是吻合的,特别是其中的一句:"而誉望得于旧闻"。所谓"旧闻",乃皇帝、同门、家人反复提及过的,实质是《东京梦华录》在未刊行之前一个各方均已认同的称呼。王洋以画龙点睛之笔点明了赵子湮当时享有的名声是由于他所总结和津津乐道的"旧闻",也就是笔者在前面叙述过的赵子湮所谈论的引起人们极大兴趣并广泛传扬的旧都东京的情况。而且从这句话可获知,《东京梦华录》尚未正式刊行,仍在"谈论""旧闻"阶段中。

类似有关记载,哪怕是点滴的提示,将其置于赵子湮所处的历史背景下,和其他历史的、文学的作品作更多的比较,互相证明,反复拼凑,才能形成较为完整的、清晰的孟元老的图像来。

图书在版编目（CIP）数据

宋代烟火：市民生活笔记 / 伊永文著. -- 北京：中国工人出版社，2021.11
ISBN 978-7-5008-7753-0

Ⅰ.①宋… Ⅱ.①伊… Ⅲ.①社会生活—概况—中国—宋代 Ⅳ.①D691.9

中国版本图书馆CIP数据核字（2021）第217024号

宋代烟火：市民生活笔记

出 版 人	王娇萍
责任编辑	傅 娉
责任印制	黄 丽
出版发行	中国工人出版社
地　　址	北京市东城区鼓楼外大街45号　邮编：100120
网　　址	http://www.wp-china.com
电　　话	（010）62005043（总编室）
	（010）62005039（印制管理中心）
	（010）62379038（社科文艺分社）
发行热线	（010）82029051　62383056
经　　销	各地书店
印　　刷	三河市东方印刷有限公司
开　　本	880毫米×1230毫米　1/32
印　　张	9.75
字　　数	230千字
版　　次	2022年1月第1版　2024年1月第3次印刷
定　　价	98.00元

本书如有破损、缺页、装订错误，请与本社印制管理中心联系更换
版权所有　侵权必究